습관은 반드시 실천할 때 만들어 집니다.

디지털 트랜스포메이션 조직의 습관을 바꾸는 일

위아래로 꽉 막힌 DX를 뻥하고 뚫는 법

초판 1쇄 발행 2021년 10월 4일
초판 6쇄 발행 2024년 9월 9일

지은이 황재선
펴낸이 김옥정

만든이 이승현

디자인 디스커버

펴낸곳 좋은습관연구소
주소 경기도 고양시 후곡로 60, 303-1005
출판신고 2019년 8월 21일 제 2019-000141
이메일 buildhabits@naver.com
홈페이지 buildhabits.kr

ISBN 979-11-91636-10-9 (03320)

좋은습관연구소에서는 누구의 글이든 한 권의 책으로 정리할 수 있게 도움을 드리고 있습니다.
메일로 문의해주세요.

네이버/페이스북/유튜브 검색창에 '좋은습관연구소'를 검색하세요.

디지털 트랜스포메이션
조직의 습관을 바꾸는 일

TRANSFORMATION
TRANSFORMATION
TRANSFORMATION
TRANSFORMATION
TRANSFORMATION
FORMATION
FORMATION
TION
TION
TION
TAL
TAL TRA
TAL TRA
TAL TRAN
TAL TRAN
TAL TRANS
TAL TRANSFOR

위아래로 꽉 막힌 DX를 뻥하고 뚫는 법 · 황재선 지음

전통 산업의 DX 책임자가 말하는
CEO를 설득하고, 실행의 ABC를 준비하는
사람과 조직에 대한 이야기

좋은습관연구소

디지털 트랜스포메이션(이하 DX)이 세간의 화제다. 4차 산업 혁명이라는 키워드, 최근 유행하는 메타버스 역시도 DX의 중요한 핵심 아젠다다. 그런데, 이를 기업에 접목하는 방법에 대해서는 그동안 구체적이고 실천적인 노하우를 만나기 어려웠다. 그런데 누구나 실천 가능한 DX 팁들을 이 책에서 만날 수 있어 무척 반가웠다.

- 정지훈, 모두의연구소 최고비전책임자

4차 산업 혁명의 패러다임 속에서 기업의 DX는 이제 선택이 아닌 필수이며 범용적 혁신 전략이 되었다. 저자는 다양한 기업 경험을 바탕으로 조직 구축, 인재 채용, 사업 현장에서의 코웍, 사업 운영 관리 등 전반적인 제언을 이 책을 통해 하고 있다. 특히 전통 기업의 DX 여정에 실질적인 도움이 될 것이다.

- 김지현, SK mySUNI 부사장

SK디스커버리 같은 디지털과는 다소 거리가 먼 전통 산업 분야의 기업에서 DX를 어떻게 시작하고 추진할까? SK 디스커버리 랩장을 맞고 있는 황재선 실장은 본인이 직접 겪고 실천하는 DX 추진 활동을 완결형보다는 진행형으로 설명하고 있다. DX를 고민하는 많은 분들이 공감하면서 읽을 수 있는 내용이다.

- 김우승, (주) 대교 CDO(디지털서비스부문장)

"그게 되겠어?"라는 DX성과에 대한 의구심과 관망은 어느 조직에나 있기 마련이다. 그러나 저자는 이 어려운 것을 매일의 행동 같은 습관으로 어떻게 해결할 수 있는지 꼼꼼히 설명하고 있다. "문제는 기술이 아니라 문화고 사람이야!"

- 김규하, ServiceNow Korea 대표이사

서문 ─────
DX는 일회성 프로젝트가 아니다.
지속가능한 성장을 위한 기업의 습관이다.

영속성 있는 기업을 만들고자 하는 노력은 여느 산업 분야에서나 마찬가지다. 이 말은 디지털 트랜스포메이션(이하 DX)이 기업이 속한 분야와는 무관하게 누구에게나 필요하다는 것을 뜻한다(DX가 무엇이고, 이것이 왜 모든 기업에 필요한지는 굳이 설명하지 않겠다. 아마도 이 책을 집어 든 독자라면 충분히 알 것이다). 하지만 태생이 제조업이거나 서비스업처럼 디지털과 거리가 멀거나 혹은 B2B처럼 일반 고객과 동떨어진 비즈니스를 하는 기업이라면 DX는 그저 한낱 개념에만 머물러 있을 뿐이다.

기업의 주요 의사 결정권자들의 인식도 중요하다. 혹자는 이렇게 말한다. "10년 전, 20년 전에도 비슷한 일들이 있었고 그때도 비슷한 이야기를 들었다. 하지만 우리 회사는 여전히 굳건하게 잘 성장하고 있다." 틀린 말은 아니다. 하지만 지금의 기술 발전 속도는 과거와는 현격히 다르고,

특히 디지털에 있어서는 한마디로 기하급수적인 속도로 혁신에 혁신을 거듭하고 있다. 이제 어떤 기업이라도 이 같은 분위기에 발맞추지 못한다면 금세 시장에서 도태되거나 후발 경쟁 업체에게 따라잡히고 만다. 이 점을 아무리 전통 기업의 CEO나 임원이라도 이제는 모르는 바는 아닌 일이 되었다. 그런 의미에서 DX는 책상 위 개념에서 벗어나 저 밑에서부터 실천하는 To-Do 리스트가 되어야 한다.

현장에서 겪고 경험한 실행의 ABC를 담고자 했다. CEO를 설득하고, 같이 협업해야 하는 이해관계자들과 어떻게 협력하고 공감대를 만들 수 있는지 설명해보았다. 디지털에 대한 이해도가 떨어진다면 어디서부터 시작하면 좋을지, 단기적인 DX가 필요하다면 어떻게 해야 할지 정리해보았다. 책에서 수차례 비유적으로 설명했지만 DX는 '긴 여정'과도 같은 일이기 때문에 경영진을 중심으로 하는 톱다운 방식의 추진이 필수이고, 비전과 전략을 수립하여 강력하게 실행하는 것이 성공의 핵심이라고 설명했다. DX의 성공 요인 중 사람과 조직의 문제는 CEO의 강력한 의지만큼이나 핵심 열쇠라는 것도 잊지 않고 강조했다. DX를 추진하는 데 있어 기존 인력으로만 DX를 수행할 수 있는 기업은 거의 없다. 그렇기 때문에 별도의 전문가 조직이 필요하다고 강조했고, 전문 역량을 보유한 인재를 어떻게 확보할 수 있을지도 살펴보았다. 사람과 조직에 대한 고민 다음으로 중요한 요소는 어떤 과제를 맨 먼저 실행할지에 대한 고민이다. 이에 대해 가장 손쉽게 시작할 수 있는 과제로 디지털 도구 도입을 추천했다. 그리고 프로세스 변화 대신 프로세스 가시화를 추천했다. 내부의 보고 문화나 사무실의 위치, 외부 파트너와의 협업 등 그 외 디지털 문화를 만드는 방안도 잊지 않고 소개했다. 그리고 DX를 활성화하는 데 필요한 최소한의 기술도 설명했다. RPA나 로우코드 플랫폼 등은 고도의 전문 개발자가 아니어도 약간의 교육만 받는다면 누구나 DX 과제를 직접 설계하고 운영해 볼 수 있는 기술들이다.

DX는 회사 내부의 프로세스, 조직 문화, 나아가 비즈니스까지도 바꿔야 하는 여정이기 때문에 짧은 시간 안에 그 성과를 기대하기는 어렵다. 낭비라고 여겨질 정도로 다양한 DX 과제를 실행하고, 성과를 확인하는 과정이 필수적이다. 그래서 최소 3년 이상의 시간과 꾸준한 지원이 필요하다. 필자는 이 과정을 "DX는 조직의 습관을 바꾸는 일"이라고 정의했다. 그리고 이 과정을 거치게 되면 자연스럽게 디지털이라는 키워드가 기업 문화로 스며들 것이라고 믿는다.

이 책을 통해 DX에 대해 고민하는 기업의 경영진과 실무 담당자들이 작은 힌트라도 얻을 수 있기를 기대한다. DX를 추진하는 과정에서 기업의 프로세스가 바뀌고 문화가 바뀌고 그런 다음 구성원들이 바뀌면 기업의 비즈니스가 바뀔 것이다. 비즈니스가 바뀌어야 지속적인 성장을 담보할 수 있다. 이것이 DX의 궁극적인 목표이다. DX를 위한 오랜 여정에 함께할 수 있는 수많은 동반자를 꿈꾸며, 이 책이 세상에 나올 수 있도록 도움 주신 많은 분들께 감사의 인사를 전한다.

MY JS

디지털 트랜스포메이션(DX)
무엇을 알아야 하고, 무엇에 주의해야 할까?

DX 비전 수립

1. DX는 기나긴 여정이다. 기업 구성원들의 일하는 태도를 바꾸고, 그 결과로 프로세스가 바뀌고, 이를 토대로 새로운 비즈니스로 전환을 이루어가는 과정이다.

2. DX를 하는 이유는 지속 성장 때문이다. 그래서 DX는 1회성 SI 프로젝트가 아니라 적어도 3년 혹은 그 이상 진행되는 상시적 경영 활동이다.

3. DX의 목표는 현실 지향적이어야 한다. 처음부터 플랫폼 기업으로의 전환 같은 거창한 목표보다는 디지털 도구 도입과 활용, 기존 비즈니스의 사물 인터넷화 같은 작은 목표부터 밟아가는 것이 좋다.

DX 조직 구축과 인재 확보

4. DX 조직은 전문가들을 배치한 CoE조직이어야 하고,

실행과 마무리를 모두 책임질 수 있는 end-to-end 방식으로 운영되어야 한다.

5. DX 조직을 구성할 때, 내부 차출이든 외부 영입이든 장단점은 분명하다. CEO는 DX 담당 리더에게 조직 구성에 대한 권한과 책임을 위임해야 한다.

6. DX를 위해 새로 영입되는 전문 인력에 대해서는 사내 규정을 빌미로 관리하려 들지 말고, 마음껏 혁신할 수 있도록 지원과 대우를 아끼지 말아야 한다.

7. 외부 자원을 쓰는 방법에 있어서는 다양한 루트가 있다. 구루(Guru) 영입, 외부 컨설팅 후 프로젝트 인원 30% 잔존, M&A, 오픈 이노베이션, 조인트 벤처 등 핵심은 외부 전문 자원을 내재화하는 방안을 고안하는 것이다.

CEO / DX 리더(임원/책임자) / DX 실무자

8. CEO는 DX 리더를 기업의 주요 의사 결정 자리에 초대하고, 계속해서 힘을 실어주는 제스추어를 취할 필요가 있다.

9. 동시에 CEO는 기존 부서원들이 섭섭해하지 않도록 적절한 메시지를 내놓고, 신설 조직과 기존 조직이 협업할 수 있는 분위기를 만들어야 한다.

10. DX 리더(혹은 CEO)는 DX 실무자와의 소통을 별도의 보고보다는 DX 대시보드를 통해 보고 받고 피드백 한다.

11. DX 실무자는 평소 IT에 관심이 많고, 기술 변화를 즐기고, 유연한 사고를 할 줄 아는 사람이어야 한다.

DX 전략 수립

12. DX는 크게 비즈니스 모델의 전환, 운용 효율화 이렇게 두 가지 목표가 있다.

13. DX가 빨리 안착되기 위해서는 현업의 현재 문제점을 발견하고, 이를 DX로 해결할 수 있는 방안을 만들고 제시하는 것이 중요하다.

14. DX는 원점에서 바라볼 때 성공할 가능성이 높다. 즉, 내부 전문가보다는 외부 전문가가 제로 베이스에서 기업과 시스템을 바라보고 전략을 수립할 때 진짜 혁신이 나온다.

15. DX 팀이 구축되고 목표가 정해지면, 세부 프로젝트 사항이 결정된다. 이때부터는 여느 스타트업 기업과 다름없다. 더군다나 목표가 비즈니스 모델 개발이라면 기존의 유명 IT기업과의 직접적인 경쟁도 불사해야 한다.

목차

1부   DX 비전 수립과 시작

2부   DX 조직 구축과 인재 확보

DIG
DIGI
DIGITAL
DIGITAL T
DIGITAL TR
DIGITAL TRAN
DIGITAL TRAN
DIGITAL TRANS
DIGITAL TRANSFO
DIGITAL TRANSFOR

TRANSFORMATION
TRANSFORMATION
TRANSFORMATION
ORMATION
ORMATION
RMATION
RMATION
ORMATION
RMATION
MATION
ATION
ATION
TION
ON

1부

DX 비전
수립과 시작

1. DX는 조직의 습관이 바뀌는 기나긴 여정

디지털 트랜스포메이션(Digital Transformation, DT 혹은 DX로 표기하나, 이 책에서는 DX로 표기함)이라는 키워드가 기업 시장을 흔들고 있다. 많은 기업들이 시대에 뒤처져서는 안 된다는 생각으로 압박감과 조바심을 느끼고 있다. 이에 DX 관련 솔루션 및 데이터 서비스 기업들은 엄청난 마케팅으로 기업들의 조바심에 불을 지피고 있다. 인공지능과 빅데이터 등을 언급하며 자기네 솔루션을 도입하지 않으면 경쟁에서 뒤처질 수 있다고 이야기하고 있다. 이런 현상 한 가운데에는 기술이 있다. 그러나 기업의 중요한 구성 요소인 사람과 프로세스를 빼고 단순히 기술만 가지고서 DX를 이야기할 수 있을까?

DX에 성공했다고 입증된 사례를 보게 되면 기술도 중요하지만 무엇보다도 구성원들의 디지털에 대한 인식, 기업 문화의 변화가 더 중요했다. DX는 기술의 도입보다는 기술을 활용하는 사람과 조직에 집중할 때 성공할 수 있다. 하지만 문화는 한순간에 바뀌지 않는다. 오랜 시간을 들여서 디지털 활용 역량을 높이고 기술을 바라보는 시각, 일하는 방식 등을 새롭게 디자인할 때 기업 문화는 바뀐다. 그래서 DX는 새로운 비즈니스로의 설계와 전환을 이루어 나가는 '기나긴 여정'이라고 할 수 있다.

1990년대 당시, 처음 소개된 DX는 디지털 기술을 적용해 전통적인 사회 구조를 혁신한다는 뜻을 담고 있었다. 실제로 2000년대에 들어와 인터넷과 모바일 시대를 거치면서 디지털 기술은 우리 일상을 혁신적으로 변화시켰다. 아마존이 처음 인터넷으로 책을 판다고 했을 때 많은 미디어들이 성공하기 힘들 것이라고 조롱 섞인 비판을 했다. 하지만 지금은 세계 1위의 전자 상거래 기업이 되었다. 애플이 아이폰을 출시하고 세상의 변화를 외쳤을 때도 마찬가지였다. 처음에는 그저 조금 똑똑한 핸드폰 수준으로 스마트폰을 바라보았지만 지금은 아시다시피 일상생활의 모든 서비스가 스마트폰으로 이루어지고 있다. 그리고 4차 산업 혁명이 비즈니스의 화두가 되고서부터는 디지털은 몇몇 IT 기업의 전유물이 아니라 모든 기업들이 생존하기 위해 필수적으로 갖춰야 하는 것으로 인정되기 시작했다.

과거와 지금의 DX 사이에는 어떤 다른 점이 있는 걸까?

지금의 DX는 단순히 기술 변화만을 의미하는 것이 아니라 경영 전반의 혁신, 나아가 비즈니스 모델 전환까지도 포함하고 있다. 기술 변화에서 비즈니스 모델로의 전환, 그 이유는 기술의 성숙도가 이전과 달리 상당한 수준으로 높아졌기 때문이다. 즉, 공염불처럼 외치던 DX가 아니라 현실성 있는 사업 전환이라는 신뢰가 시장에 쌓여 이제는 더이상 미룰 수 없는 현실이라는 인식이 퍼졌기 때문이다. 실제로 클라우드, 빅데이터, 인공지능, 사물 인터넷, 블록체인으로 대표되는 DX 관련 기술들은 시도와 트렌드를 넘어 의미 있는 사업 결과를 만들어 내고 있다.

데이터 센터에 서버를 두고서 사용하는 방식에서 몇 번의 클릭으로 서버 자원을 가상으로 할당받아서 사용하는 클라우드 서버 시장은 이미 큰 산업 분야로 등장하기 시작했고 (아마존 AWS, 마이크로소프트 애저(Azure), 구글 GCP 등이 대표 사업자들이다), 인공 지능 기술도 딥러닝이나 자연어 처리, 자율 주행 자동차 등으로 활용되면서 기술의 끝이 어디가 될지 예측하기 어려운 수준에까지 이르렀다. 하지만 이 같은 기반 기술의 성숙에도 불구하고 일부에서는 여전히 DX에 대한 의구심을 갖고 있다. 특히 전통 산업에 기반을 둔 기업일수록 그 저항감은 더욱 크다. 오랫동안 기업의 중심 역할을 해온 비즈니스 모델이나 프로세스가 어떻게 디지털로 전환이 가능하겠느냐는 의문에서부터 DX로의 기술 도입이 얼마나 효율적일지 알 수 없고 그냥 듣기 좋은 유행일 뿐이라는 의견까지. 그리고 한때 전산실로 취급받던 부서가 어느 날 갑자기 주력 사업의 중심부로 들어오는 것에 대한 저항감도 갖고 있다. 그러다, 최근 DX의 상징과도 같았던 GE Predix가 실패하였다는 뉴스가 전해지면서 전통 기업들은 다시 한 번 더 DX가 여전히 유의미한가, 라는 질문을 남기지 않을 수 없게 되었다(GE는 2013년부터 자사의 사업 분야인 전기, 에너지, 철도 등에서 사용되던 각종 장치들을 디지털로 전환하는 사업을 출범시켰지만 신규 사업으로 성장하지 못하고 각 계열사의 디지털 자원을 보충하는 정도로 끝나버렸다). 그런 와중에 코로나19의 충격이 전 세계로 전해졌다.

코로나19는 일상의 변화뿐만 아니라 기업의 경영 환경까지 모든 것을 송두리째 바꾸어 버렸다. 의문스럽기만 했던 DX가 부지불식간에 당위가 되어 모든 것을 장악해 버린 것이다. 코로나19 확진자가 발생하면서 갑작스럽게 셧다운을 해야하는 기업이 생겨나고, 제대로 준비가 되지 않은 상태에서 재택근무가 시행되었다. 그리고 지금까지 시장을 주도하던 오프라인 기업들의 실적이 추락하고, 언택트로 대변되던 IT 기업들이 시장을 주도하기 시작했다. 그러면서 비대면 환경이 일상화되고 화상 회의가 당연해지는 등 디지털이 우리 생활과 회사 곳곳으로 들어와 버렸다. 이에 대해 마이크로소프트의 CEO인 사티아 나델라(Satya N. Nadella)는 는 코로나19 시기를 거치면서 2년에 걸쳐 진행될 DX가 단 두 달 만에 완성되었다고 평가했다.

결과적으로 얘기해, 지금은 IT 기업은 물론이고 전통 산업군에 속한 기업들도 재택근무를 반강제적으로 받아들이면서 점점 안정을 찾아가고 있다. 그리고 꼭 서로 대면하지 않아도 기업 생산성에 큰 변화가 없다는 것도 체험해 나가고 있다. 비대면 화상 회의를 진행한다고 해도 전혀 어색하지 않을 정도로 기업의 내부 문화도 바뀌고 있다. 그리고 원격 근무를 지원해야 하기 때문에 클라우드 상의 협업도 점차 중요해지고 있다. 그 결과 지금까지 IT 대한 투자에 인색하던 기업들도 디지털 도구를 도입하는 등 변화의 움직임에 동참하기 시작했다. (클라우드 기반의 협업 도구인 마이크로소프트 팀즈(Teams) 솔루션의 실적 발표에서 2020년 10월 일간 활성 이용자 수가 1억 명을 돌파하였고, 4월 이용자 대비해서는 53% 증가한 수준이라는 놀라운 실적을 발표했다.)

물론 문제도 있었다. 작게는 회사에서 지급받은 노트북의 비밀번호를 잊어버렸을 때 어떻게 대처해야 하는지에 대한 것부터 회사의 다양한 시스템 접속 오류를 어떻게 해결하는지 등, 변화된 환경이 아니었다면 도출되지 않았을 각종 문제들이 나타나기 시작했다. 하지만 산업 분야를 가리지 않고 많은 기업들이 IT 기술을 활용해 코로나19 상황에 적극 대응했다는 것만으로도 DX의 첫 삽은 성공적으로 떼졌다고 할 수 있다. 일방적으로 프로그램을 만들어 놓고 직원들에게 사용하기를 강조하던 것에서 이제는 직원들 편의성을 고려해 사용자 환경을 개선하는 등 내부 IT 시스템을 개편해나가기 시작했다. 이는 단순히 기술에 대한 투자가 아니라 사람에 대한 투자로 DX를 바라보기 시작했다는 것을 의미한다. 그리고 DX를 아주 멀리 있는 큰 무엇이 아니라 당장 원격 근무를 해야 하고, 화상 회의를 해야 하는 등 구성원들의 디지털 경험 향상도 DX에 해당한다는 것을 의미했다.

DX를 통해 기업들이 진정 원하는 것은 무엇일까? 많은 기업들이 공통적으로 기대하는 것은 바로 '지속 성장'이다. 하지만 지속 성장이라는 단어는 많은 것을 내포하고 있다. 지금까지 고속 성장을 해오던 기업들도 10년을 내다보기 어려운 상황에서 지속적인 성장을 한다는 것은 더욱더 본질적인 변화를 의미한다. 특히 IT가 태생인 기업들보다 디지털과는 거리가 먼 전통 산업에 속한 기업들(B2B 기업, 오프라인 기업, 디지털이 비즈니스의 보조적 수단인 1인 기업들)이 더더욱 변화의 요구를 받고 있다.

지금까지는 이들 기업이 IT 도구를 도입하고, 경우에 따라 IT 투자 비중을 확대하는 것이 전부였다. 하지만 이제는 전 구성원의 역량과 조직 문화에까지도 디지털 전환을 필요로 하고 있다. 그래서 비즈니스 모델의 혁신부터 기존 제품의 디지털화 및 운영 효율의 혁신까지, 이 모두가 DX의 개념과 범위에 속한다고 할 수 있다. 그렇기 때문에 절대 한 번에 완성되는 것이 아니라 '지속 성장'을 뒷받침할 수 있도록 '기나긴 여정'처럼 생각하고 해야 하는 것이 DX이다. 그래서 DX를 시작과 끝이 분명한 프로젝트로 생각하기보다는 상시적으로 해야 하고 상시적으로 가져야 하는 '태도' 혹은 '습관'으로 인식하는 편이 더 낫다고 할 수 있다.

DX를 이야기하면 지금까지는 각종 기술들이 논의의 중심에 있었다. 그러나 다시 한번 강조하지만 기술 대신 사람과 프로세스가 그 중심에 있어야 한다. 그래서 태도와 순서가 중요하다. 한마디로, DX는 기업 구성원들의 일하는 태도를 바꾸고 그 결과로 프로세스가 바뀌고 이를 토대로 새로운 비즈니스로 전환을 이루어 나가는 기나긴 여정이라고 할 수 있다.

2. DX의 방법과 순서를 정하는 질문

지금까지 시장에 소개된 DX의 성공 사례는 대부분 비즈니스 모델 전환에만 집중되어 있었다. 비즈니스 모델에만 집중하다 보면 DX가 당장 우리가 실행할 수 있는 것과는 거리가 먼 것으로 생각하게 된다. 하지만 앞에서 강조한 것처럼 DX는 일하는 방식의 변화가 우선이고, 이를 토대로 비즈니스 전환을 이루어 나가는 것이 핵심이다. 기술은 그 가능성을 열어주는 디딤돌 역할에 불과하다. 그래서 누가 주인공이 되어야 하는지가 분명한 여정이다.

CEO가 어느 날 "이제부터 우리 회사를 디지털로 전환하겠다"라고 선언한다고 해서 DX가 자연스럽게 될까? 이는 디지털에 익숙한 기업조차도 뚝딱 할 수 있는 일이 아니다. 기존 사업을 진화시키는 것도 어려운데, 이를 디지털로 전환한다면 상당한 투자와 노력이 필요한 일이다. 그리고 성공한다는 보장도 없다. 기업의 체질 변화는 다른 회사를 따라 한다고 되는 것도 아니다. 다른 기업의 DX 사례를 우리 회사에 그대로 옮겨온다면 오히려 실패할 확률이 더 높다. 설사 그 회사가 해당 분야에서 1위를 달리고 있던 기업이라고 할지라도 말이다.

하버드 비즈니스스쿨의 클레이튼 M. 크리스텐슨(Clayton M. Christensen) 교수의 '파괴적 혁신'의 대표적 사례로 소개되는 넷플릭스와 블록버스터의 케이스는 우리에게 1위 기업의 실패를 보여주는 아주 좋은 예다. 비디오 대여점으로 시작한 블록버스터는 전국 주요 거점에 대여점을 확보한 뒤 고객들에게 DVD를 대여해 주고 수수료를 받고 반납 지연 시 연체료를 추가로 챙기는 모델이었다. 이에 반해 넷플릭스는 구독 모델을 선택하면서 우편으로 DVD를 보내주고 다시 우편으로 돌려받는 모델을 선택했다. 이미 구독 모델로 일정 비용을 지불하였기 때문에 추가 연체료 같은 것은 따로 징수하지 않았다. 결과는 어땠을까? 다들 잘 알고 있는 것처럼 블록버스터는 파산했고, 넷플릭스는 OTT(Over The Top, 'TV 셋톱 박스인 top을 넘어'라는 뜻으로 인터넷을 통해 방송 프로그램, 영화, 교육 등 각종 미디어 콘텐츠를 제공) 서비스의 새로운 역사를 쓰고 있다. 이 과정에서 블록버스터도 넷플릭스와 마찬가지로 연체료를 받지 않는 모델을 채택하기도 했고, OTT 서비스를 하기도 했다. 하지만 블록버스터는 결국 파산해

버렸다. 그 이유는 무엇이었을까? 기술력의 문제라기 보다는 새로운 변화를 위한 충분한 준비가 조직적으로 되지 않았기 때문이다.

블록버스터의 사례는 결코 남의 일이 아니다. 변화를 위한 준비를 내부적으로 하지 못하면 어떤 기업이든 미래를 담보할 수 없다. 나아가 변화의 당위성을 아는 것과 그걸 내부적으로 옮겨 실천하는 것은 전혀 다른 성질의 것이다. 즉 거창한 DX에 매달려 컨설팅만 받고 논쟁만 할 게 아니라 누구나 실천할 수 있는 작은 것부터 해보는 것이 중요하다. 하지만 이조차도 모든 기업들에 공통적으로 적용하기는 어렵다. 기업마다 사정이 다 다르기 때문이다. 조직 문화를 친(親) 디지털로 바꾸겠다고 하다가 진짜 중요한 사업 변화를 놓칠 수도 있고 조직 문화가 흐트러질 수도 있다. 그래서 경영자는 이 모두를 신경 쓰고 어떤 로드맵을 어디에서부터 어떻게 적용할지 항상 고민해야 한다. 그래서 전사적인 일괄 적용이 아니라 부서별로 DX의 순서를 달리한다거나, DX의 대상을 한 곳으로 한정 시켜 일종의 마중물을 만든다거나 하는 요령이 필요하다.

그런 관점에서 DX의 대상을 한번 정리해보자. DX는 디지털 역량을 활용해 특정 대상의 혁신을 만들어 내는 과정이다. 세부적으로는 디지털 역량에 해당하는 기술과 도구,

문화 등을 혁신하는 일이다. 그런 다음에는 이를 이용하여 기존 주력 제품 또는 서비스를 디지털화하거나 완전히 새로운 비즈니스 모델로 혁신하는 일을 해야 한다. 이 과정에서 업무 프로세스 혁신도 함께 진행된다. 이 모두가 DX의 대상이다. 그리고 여기에는 구성원이 중심에 있어야 한다.

DX는 지금까지 총 세 번의 진화를 거쳤다. DX의 첫 번째 진화는 2000년대 인터넷이 본격화된 닷컴 시절에 일어난 디지털 인프라 기반 구축이다. 당시 인터넷 활용이 급격히 늘어나면서 전통 음반에서 MP3 같은 디지털 음원으로, 비디오나 DVD 영상에서 디지털 VOD로 관련 상품들이 다양하게 등장하기 시작했다. 더불어 오프라인 비즈니스에도 변화가 일어났다. 온라인 서점이 등장하며 오프라인 서점을 위협했고, 리테일 매장을 대신하는 수많은 이커머스 서비스가 선보였다. 이들 서비스를 가능하게 만든 기술이 서버/클라이언트 시스템과 네트워크였다. 이 시기를 거치면서 각 기업은 물론이고 개인들에게도 디지털 인프라가 구축되기 시작했다. 그러면서 대형 매스 미디어 대신 온라인 매체에 광고를 하는 등 디지털 마케팅을 적극적으로 추진하기 시작했다.

두 번째는 2010년대 모바일 시대를 거치면서, 디지털 기반이 확대되던 때다. 아이폰과 안드로이드 기반의 스마트폰이 대중화되면서 애플 앱스토어나 구글 플레이스토어에서 유료 앱을 구매하거나 인 앱 구매를 하는 사례가 나타나기 시작했다. 오프라인 상품을 온라인으로 판매하던 것과 달리 디지털 아이템을 모바일상에서 판매하는 새로운 비즈니스 모델이었다. 그리고 페이스북, 트위터 같은 SNS가 보편화되기 시작했다. 유튜브 같은 스트리밍 동영상 서비스도 우리의 일상이 되었다. 미디어 시장의 변화가 가속화되면서 상품 광고 시장도 모바일로 옮겨오기 시작했다. 빠른 시간 안에 글로벌 서비스로 확대가 되었고 페이스북, 유튜브, 트위터, 인스타그램, 왓츠앱 등 전 세계 인구 10억 명 이상이 사용하는 서비스도 등장했다.

2020년이 시작되면서 세 번째 진화가 시작되었다. 세 번째 진화의 핵심은 개인화라고 할 수 있다. 사물인터넷, 클라우드 컴퓨팅, 인공지능, 빅데이터 기술은 지금까지 인터넷에 연결되지 않았던 기기와 공간을 연결하고 여기에서 만들어진 각종 데이터는 클라우드를 통해 분석이 되고 인공 지능 기술을 활용해 발견된 문제를 해결하기 시작했다. 사업자는 개인에게 맞춤된 서비스를 제공하고, 누구나 이 서비스를 이용할 수 있게 했다. 이는 대기업뿐만 아니라 개인 사업자들에게도 영향을 미쳤다. 현재 네이버 스마트 스토어 서비스는 누구나 자기만의 쇼핑몰을 개설하고 자신의 사업을 디지털로 전환할 수 있도록 돕고 있다. 1인 기업들도 디지털 기술에 힘입어 자유롭게 사업을 할 수 있게 된 것이다. 이런 진화에는 코로나19라는 상황도 있지만 강력해진 IT기술과 배송 서비스도 한몫했다. 이제 DX는 대기업이든 중소기업이든 그리고 개인이든 간에 모두에게 적용되는 얘기가 되었다.

이처럼 DX는 다양한 층위에서 다양한 수준으로 활발히 진행되고 있다. 그래서 DX에는 공식 따위는 없다고도 말할 수 있다. 그렇다면 무엇에 집중해서 DX의 우선순위를 정해야 할까? 그리고 그것을 위해 첫 번째로 해야 하는 질문은 무엇일까? DX를 위해 우리가 첫 번째로 가져야 할 의문은 DX를 통해 내가 해결하고자 하는 것이 무엇인지를 생각해보고 이를 구체적으로 정의하는 것이다. 문제를 만들지 못하고, 문제를 정확히 도출해내지 못하면 해결책을 찾을 수가 없다. DX를 어떻게 시작해야 할지를 놓고 기술을 가지고서 해석하기 시작하면 엉뚱하게도 기술을 어디에 적용할 수 있는지부터 따지게 된다. 그게 필요한지 그렇지 않은지는 안중에도 없고 말이다. DX를 위해서는 우리에게 주어진 문제가 무엇인지 그리고 해당 문제를 우리 구성원이 어떻게 해결할 수 있는지부터 고민해야 한다. 그런 다음 구성원에게 무슨 기회를 주어야 하는지를 이어서 고민해야 한다. 이 정의에 따라 DX의 방법과 순서도 달라진다.

앞으로 이야기할 DX는 개인에서부터 대기업까지 그리고 디지털 환경을 구축하고 어떻게 활용할지 나아가 새로운 혁신을 위한 준비까지도 상세하게 다룰 예정이다. 그리고 그 중심에 사람과 조직 그리고 이들을 둘러싼 프로세스는 어떠해야 하는지 계속해서 되물을 것이다.

3. DX 성공의 키는 실무진보다 경영진

어느 날 주요 임원진이 참석하는 경영 회의에서 다음과 같은 대화가 오갔다.

"김 전무, 우리 회사도 미래를 위해 요즘 업계에서 주목받고 있는 DX를 본격적으로 시작해봐야 하지 않을까요? 다른 경쟁사들도 시작한다고 하는데, 김 전무는 어떻게 하면 좋을지 방안을 준비해서 보고해 주세요."

"사장님, DX가 업계의 화두인 것은 분명합니다. 실제 성공 사례들도 여러 분야에서 소개되고 있고요. 그러나 어떻게 시작하면 좋을지는 정확히 알 수 없으니 내부적으로 준비하기보다 전문 컨설팅을 받아보면 어떨까 합니다."

"그럼, 그렇게 해 봅시다. 다만 시간이 없으니 조속히 서둘러 주시고 김 전무께서 이를 총괄하세요."

회의 후 김 전무는 DX 전략 수립 경험이 많은 유명 컨설팅 회사를 수소문하였고, 각 컨설팅 회사로부터 제안 발표를 듣고 가장 최적의 회사를 파트너로 선정한다. 그렇게 3~4개월 동안 외부 컨설턴트들은 회사의 주요 비즈니스 모델을 검토하고, 각 파트의 구성원들을 인터뷰하고 각종 자료를 확인한다. 또한 동종 업계는 어떻게 DX를 수행하고 있는지 벤치마킹도 하고 기존의 DX 사례와 대비해 적합한 전략과 방안이 무엇인지도 찾아본다. 그러나 경영진이 요구한 시간이 얼마 남지 않았기 때문에 원점에서의 깊은 고민보다는 경영진이 기대하는 방향으로 결론을 도출하는 데 더욱 집중한다.

드디어 경쟁사와 비교해봐도 훌륭하고, 논리적으로 살펴보아도 꽤 괜찮은 결과물이 나왔다. 김 전무는 기간 대비 품질을 볼 때 큰 문제가 없다고 판단하고 CEO에게 최종 보고를 한다.

"사장님, 컨설팅 결과를 요약하면 이렇습니다. 주력 사업의 DX를 통한 비즈니스 모델 혁신 그리고 각종 문제 해결과 운영 효율화와 비용 절감. 이렇게 두 가지 목표를 두고서 가능한 분야를 찾아봤습니다. 이른 시간 안에 실행할 수 있고 효과가 기대되는 것으로는 기존 사업의 운영 효율화 그리고 이를 위한 빅데이터 이용이 있습니다. 구체적으로 A, B, C의 과제가 도출되었습니다. 이를 위해 아웃소싱을 통한 실행도 있지만 중장기적으로 내부 역량을 키우기 위해 회사 안에 전담 조직이 있었으면 합니다. DX는 앞으로 인공지능, 빅데이터, 클라우드에 대한 기술 이해가 아주 중요합니다. 우선은 작게 시작한다는 관점에서 데이터를 활용한 DX부터 시작해보고자 합니다. 그래서 데이터 분석 조직부터 만들었으면 합니다."

"김 전무, 잘 알겠습니다. 속도가 중요합니다. 바로 조직을 만들고 우리도 DX를 본격적으로 해봅시다. 다른 임원들께서도 김 전무를 잘 도와서 회사를 바꾸는 데 앞장서 주십시오."

물론 가상의 시나리오로 구성해 본 것이지만 많은 경우 DX 실행의 결정은 실무진에서 경영진으로 올라가기보다는 경영진에서 실무진으로 내려오면서 방향이 정해지는 경우가 많다. 그런 점에서 보면 앞의 이야기는 상당히 긍정적인 시작이라고 할 수 있다. 그렇다면 이렇게 신설된 조직은 DX를 잘해 나갈 수 있을까? 결론부터 말하자면 안타깝게도 그렇지 못할 확률이 높다.

IT 업종이 아닌 회사들은 DX 실행을 가속화하기 위해 작은 규모의 전담 조직을 별도로 구성하는 경우가 많다. 이 조직은 기존 IT 부서로 소속이 정해질 수도 있고, 전략 또는 경영 지원 부서로 소속이 정해질 수도 있다. 그리고 이들에게는 데이터 분석이든 클라우드든 간에 회사에 없던 새로운 역량을 필요로 한다. 그래서 많은 경우, 외부에서 신규 인력을 채용하면서 조직을 꾸린다. 많은 회사들이 선호하는 방법이다. 우여곡절 끝에 신설된 조직은 회사에 새로운 혁신을 만들어 줄 것 같은 기대감을 받으며 출발한다. 그리고 경영진의 높은 기대치를 반영하며 중요한 성과를 가져올 수 있는 임무도 부여받게 된다. 여기까지는 너무나도 자연스러운 과정이다. 그러나 문제는 그다음부터다.

DX를 실행한다는 것은 일반적인 SI(시스템 통합, System Integration) 프로젝트처럼 어느 한쪽의 요구 사항을 다른 한쪽이 이행하는 것이 아니라 현업 조직과 DX 조직이 각자의 역할에 기반을 두고 서로 소통하며 문제를 도출하고 이를 DX로 어떻게 해결할지 찾아가는 과정이다. 기존 사업부가 가지고 있던 문제를 빅데이터 분석을 통해 해결한다고 생각해 보자. 분석을 통해 실행안을 만드는 것은 DX 조직이지만 사업에 적용하는 것은 현업 조직이다. 즉, DX 조직은 분석 결과를 가지고서 직접 실행에까지 옮기는 부서는 아니기 때문에 스스로 성과를 낸다기보다는 현업 조직과 긴밀하게 협의하며, 현장에서 필요로 하는 결과물을 만들고 현업 조직이 성과를 낼 수 있도록 돕는 일을 해야 한다. 하지만 현실은 이와 반대일 때가 많다. DX 조직은 신설되자마자 빠른 시간 안에 가시적 성과를 만들어야 한다는 압박을 받게 되고, 빠르게 움직이려다 보니 현업 조직과 충분한 협업 조건이 만들어지지 않은 상태에서 현업 조직의 니즈와 무관한 주제를 찾게 된다. 결과적으로 기대와는 전혀 다른 출발을 한다. 그런데 이런 일은 대기업일수록 그럴 가능성이 더욱 높다. 왜냐하면 부서도 많고 이해관계도 복잡하기 때문이다.

다들 아는 얘기지만, 타부서와 함께 일한다는 것은 쉽지 않은 일이다. 빅데이터 과제를 수행할 경우, 이미 회사가 보유하고 있는 데이터도 다시 분석하고 최신 기술을 이용한 모델링 결과도 새로 만들어야 한다. 신생 조직이기도 하고, 외부에서 영입된 전문가들인 만큼 결과물도 꽤 괜찮다. DX 조직 입장에서는 파급력 높은 결과를 만들었다고 생각한다. 하지만 안타깝게도 협업의 토대가 없기 때문에 이를 활용하고자 하는 현업 조직은 없다. 그래서 실제로 활용되지도 못한다. 경영진 입장에서 본다면 이는 당연히 성과가 없는 일이 돼 버린다. DX 조직은 어떻게 될까? 안타깝지만 얼마 지나지 않아 해체 순으로 들어간다. 성과를 만들지 못했다고 스스로 생각한 전문 인력들은 스스로 사표를 쓰고 회사를 그만둔다.

이런 결과가 나오게 된 데에는 부서 간 협업이 부족한 이유이기도 하지만 좀 더 근본적으로는 경영진의 문제라고 봐야 한다. 경영진이 DX를 어떻게 실행할지, 본질에 대한 이해가 부족했기 때문이다. DX가 성공하는 데 있어 가장 중요한 관문은 회사 내 당장 시급하게 해결해야 할 문제를 정의하고, DX를 통해 이것이 해결 가능한 일인지를 확인하는 것이다. 즉 문제가 무엇이고, 왜 이 문제를 해결해야 하는지, 문제 해결을 통해 무엇이 달성되는지를 명확히 하는 것이라고 할 수 있다. 그리고 경영진은 그것을 잘 추진할 수 있도록 적극적인 스폰서를 자임해야 한다. 그렇게 되면 현업 조직 입장에서도 자신들이 가장 아쉬워하는 부분을 DX 부서가 해결해준다고 하는데 협력하지 않을 도리가 없다. 더욱이 뒤에는 경영진이 버티고 있다.

규모가 큰 회사든 작은 회사든 기존과 다른 업무가 도입될 때면 기존 조직은 반발하기 마련이다. 이는 본능에 가깝다. 외부에서 영입된 전문가라 불리는 이들을 경계심으로 쳐다볼 수밖에 없다. 이런 장면을 경영진은 놓쳐서는 안 된다. DX를 회사 내에 뿌리내리고자 한다면 경영진은 조직을 만드는 것뿐만이 아니라 강력한 스폰서십을 발휘해서 기존 조직과 잘 융화될 수 있도록 끊임없는 관심과 지원을 보내야 한다. 경영진이 먼저 나서서 DX 결과물에 관심을 보이고 이를 어떻게 활용하고 확대할지 적극적으로 함께 고민해야 한다. 그래서 DX 조직을 처음 만들 때처럼 강력한 지원을 계속해서 쏟아 부어야 한다. 그래야 성공의 가능성이 높아진다.

　DX 성공의 8할은 바로 경영진의 강력한 스폰서십에 있다고 해도 과언이 아니다. 전담 조직을 만들어 실행을 위한 체계를 갖추는 것뿐만 아니라 그들이 기존 조직과 잘 융합될 수 있도록 직간접적인 영향력을 행사해야 한다. 그렇게 하지 못할 것 같으면 담당 조직을 만들지 말고 DX 도구 도입만 하는 것이 낫다. 다시 한번 강조하지만, DX 성공의 키는 바로 실무자가 아닌 경영진임을 잊어선 안 된다. DX는 한 번의 시작으로 성공한다고도 할 수 없는 만큼 기대감을 낮추고 작은 성공에도 격려를 보내며 기다리는 것이 필요하다. 그렇게 할 때 DX 여정으로의 성공적인 출발이 가능하다.

4. DX에 필요한 시간은 최소 3년

카카오톡은 우리나라 대부분의 스마트폰 사용자가 매일 쓰고 있는 시장 점유율 1위의 대표적인 모바일 메신저이다. 그러나 카카오톡 탄생 과정을 알고 있는 이들은 많지 않다. 카카오는 2006년 아이윌랩이라는 이름으로 설립된 스타트업에서 시작했다. 아이윌랩은 설립 후 첫 1년 동안은 웹 기반 서비스를 만들었다. 그 결과로 부루닷컴이라는 소셜 북마킹 서비스가 탄생했다. 그러나 대부분의 독자들은 이러한 서비스가 있었는지조차도 기억하지 못 할 것이다. 실제 부루닷컴은 사용자가 많지 않아 출시 3개월 만에 서비스를 종료했다. 그 이후 회사는 위지아라는 소셜 랭킹 서비스를 만들고 최고 5만 명까지 사용자가 도달하기도 했다. 하지만 이 역시도 서비스 종료라는 수순에 들어갔다. 그렇게 3년이라는 시간이 흘렀다. 그리고 2009년 11월 아이폰이 출시되고 모바일 중심으로 모든 판도가 바뀌는 것을 목격한 회사는 이를 기회의 영역으로 보고, 또다시 새로운 서비스를 기획하게 된다. 이렇게 탄생한 서비스가 바로 카카오톡이다.

당시에는 카카오톡 이외에도 카카오 아지트, 카카오 수다 등 타겟은 다르지만 비슷한 성격을 가진 커뮤니케이션 서비스가 연이어 출시되었다. 실제로 카카오아지트가 2010년 2월 가장 먼저 출시되었고, 카카오톡은 그다음 달인 2010년 3월에 출시되었다. 그러다 카카오톡 사용자가 6개월 만에 100만 명을 돌파한다. 소위 대박이 터진 것이다. 그리고 서비스 출시 3년이 지난 시점인 2014년에 다음 커뮤니케이션과의 합병을 통해 지금의 카카오 진용을 갖추게 되었다.

처음에는 규모가 작은 스타트업으로 시작했고, 3년 넘게 제대로 된 서비스 하나 출시하지 못하고 실패만 거듭했던 것이 지금의 카카오다. 우리가 매일 쓰고 있는 수많은 서비스도 성공에 이르기까지는 꽤 많은 실패와 시간이 소요된다. 이는 우리나라뿐만 아니라 해외 유명 서비스도 동일하다. 아마존이나 페이스북도 창업하고 적게는 5년 길게는 10년 정도가 지나고 나서야 서서히 안정적인 비즈니스 모델을 확보하고 본격적인 성장을 시작했다.

스타트업 성장의 과정에서 '데스밸리'라는 말을 종종 듣는다. '데스밸리'란 스타트업이 새로운 서비스나 비즈니스를 성공적으로 출시하고 난 이후, 자금 유치 등의 어려움을 겪으며 도산 위기에까지 몰리는 과정을 일컫는다. 통상 창업 후 3~5년 정도 지난 시점에 찾아온다. 스타트업들이 데스밸리를 거치게 되는 이유는 간단하다. 성공하는데 최소 3년, 길게는 5년 정도의 시간이 걸리기 때문이다. 무엇인가를 만들어 냈다고 해서 끝나는 것이 아니라 시장에서 자리를 잡고 새로운 비즈니스 모델로 정립되는 데에는 절대적인 시간이 필요하기 때문이다.

기업에서 추진하는 DX는 어떨까? 스타트업과 마찬가지로 DX에도 최소 3년의 시간이 필요하다. DX가 안착되는 데 가장 중요한 사람과 조직의 체질 개선은 1~2년 안에 해낼 수가 없다. 특히 전문 경영인 체제에서의 DX 실패 원인을 보게 되면, 단기간 안에 성과를 내야 한다는 압박 때문인 경우가 많았다. 머릿속으로는 알면서도 이를 놓치는 이유다. 단기 성과에만 집중하게 되면 경영진의 강력한 지원이 있다고 하더라도 DX는 실패할 확률이 높다. 그렇기 때문에 경영진에게 이 시간을 알리고 기다려야 하는 이유를 잘 설명해야 한다.

그렇다면 그 시간 동안 어떤 계획을 가지고서 실행하는 것이 좋을까? 기업마다 사정은 다르기 때문에 정답이 있다고 말할 순 없지만 다음의 단계별 접근을 추천한다.

1년 차에는 기존 조직의 디지털 역량을 높이는 활동에 집중한다. 디지털 기술과 도구를 도입하고 구성원들의 디지털 역량 향상을 위한 교육과 지원 프로그램을 운영한다. 또한 디지털 문화를 조직 전반으로 확대할 수 있는 고민을 시작하고 DX 전담 조직도 꾸린다. 전담 조직은 기존의 IT 조직과 협업하여 디지털 환경을 개선하는 과제에 집중한다. 예를 들어 DX의 핵심 기술인 인공지능, 빅데이터, 클라우드를 기업 환경에 적용시키는 파일럿 과제를 실험해본다. 이 단계에서는 높은 성과를 내는 것보다는 실행을 통한 경험치를 쌓는 데에 집중한다. 경영진에게도 충분히 이 내용을 알리고 공감대를 얻도록 한다.

2년 차에는 1년 차에 진행했던 파일럿 과제 중 사업적으로 의미 있는 과제를 선정, 본격적인 DX 목표를 정한다. 이때 기존 현업 조직과의 협업이 무척 중요하다. 현업 조직 입장에서 볼 때 DX로 인해 얻을 수 있는 게 불명확하고 자신들과는 무관하다는 생각을 하게 된다면 성공적인 결과를 도출하기 어렵다. 그렇기 때문에 1년 차에 진행했던 과제 중 현업 조직이 필요로 하고 그래서 상용화로 빠르게 넘어갈 수 있는 것 중심으로 스타트를 해야 한다. 즉 선택과 집중을 잘해야 한다.

3년 차에는 2년 차에서 선택된 과제가 상용 단계 수준으로 올라오고 경영진이 보기에도 사업적으로 유의미한 성과가 도출되는 시점이다. 완성이라고 할 순 없지만 조직이 기대하던 DX의 사이클이 완성되는 시기이다. 이때 유의미한 성과가 만들어졌다고 생각한다면 새로운 분야로 성공 방정식을 확대 적용해야 한다.

DX를 담당하는 실무자들에게 다시 한번 강조하고 싶은 이야기는 '3년의 시간'이다. 최소 3년의 시간이 확보되어야 DX가 기업의 문화로 안착된다. 만일 3년의 시간이 확보되기 어렵다면 앞서 설명한 대로 단계별 접근을 하되, 결과물에 대한 기대치를 낮춰야 한다.

우리 회사가 IT 회사도 아니고, IT와는 거리가 먼 사업을 하는 곳이라면 DX 담당자인 나는 홀로 사막을 걷는 방랑자와 같다. 그 시간을 잘 견뎌야 한다. 절대 길을 잃어버려서는 안 된다.

5. 작고 빠르게 할 수 있는 목표부터

DX에 관심을 보이는 대부분 기업들은 처음부터 상당히 큰 목표를 설정하는 경우가 많다. 그 이유는 지금까지 시장에 공유된 DX 성공 사례들이 비즈니스 모델 혁신에 집중되어 있어서 그렇다. 게다가 경영진 입장에서는 DX를 통해 뭔가 마법 같은 결과물을 얻어 낼 수 있을 것 같은 기대감도 갖고 있다. 하지만 모든 일이 그렇듯 DX의 여정 또한 한 걸음씩 내디뎌야 한다.

우선 DX를 통한 비즈니스 모델 혁신에 성공한 대표적인 사례들을 살펴보자. 우선 B2C 분야에서는 단연 스타벅스를 꼽을 수 있다. 스타벅스는 오프라인 매장 중심으로 커피를 판매하던 비즈니스 모델에 '사이렌 오더'라는 모바일 서비스를 추가했다. 직접 매장에서 점원과 대면하여 주문하는 것에서 모바일을 통한 비대면 주문이 가능하도록 한 것이다. 스타벅스는 여기에서 그치지 않고 스타벅스 페이를 만들어 예치금을 적립하고 이를 사용하여 매장에서 결제도 할 수 있도록 했다. 또한 멤버십 제도를 운영하며 다양한 리워드 프로그램도 시행했다. 이 모든 것들이 바로 핸드폰 앱을 통해 가능하다는 게 특징이다. 이제 스타벅스는 자연스럽게 고객 정보를 모으게 되고 이를 활용할 새로운 궁리를 할 것이다.

최근 몇몇 리서치 보고서에 따르면 스타벅스를 글로벌에서 가장 강력한 핀테크 기업이라고 소개했다. 그뿐만 아니라 최근 드라이브 스루 방식의 매장이 늘어남에 따라 자동차 번호판과 기존 스타벅스 멤버십을 연동하여 굳이 앱을 실행하지 않고도 자동차 번호 인식만으로도 결제까지 완료할 수 있는 서비스를 내놓고 있다. 이처럼 스타벅스의 모바일 중심 비즈니스의 핵심에는 DX가 자리하고 있다.

다음으로 살펴볼 사례는 B2B 분야. 여기에는 롤스로이스의 항공기 엔진 비즈니스 사례가 대표적이다. 항공기 엔진 판매는 자동차와 달리 항공사가 비행기를 제작 발주할 때 엔진은 어디 것을 써달라고 지정하는 방식으로 진행된다. 즉, 대한 항공이 보잉과 같은 항공기 제조사로부터 비행기를 구매할 때 특정 브랜드 엔진을 사용해서 항공기를 제작해 달라는 주문을 하는 것이다. 대부분의 제조사 비즈니스 모델이 그러하듯 롤스로이스는 항공기 엔진을 제조 판매한 후 그 이후 유지 보수 서비스를 제공하는 비즈니스 모델을 취하고 있다. 그런데 최근에는 항공기 엔진에 다양한 센서를 부착하고, 센서를 통해 모이는 데이터를 활용해 유지 보수 서비스를 진행하고 있다. 항공기 엔진 하나가 한 시간 동안 만들어내는 데이터는 20테라바이트에 달하는데, 비행기 한 대에 두 개의 엔진이 있고 평균 여섯 시간을 비행한다고 가정하면 엄청난 양의 데이터가 만들어지고, 이때 만들어지는 빅데이터로 항공기 엔진 결함을 진단하는 것이다. 실제 엔진 이상이 발생하기 전, 사전 체크를 한다는 측면에서 기업 입장에서는 엄청난 손해를 막을 수 있는 아주 긴요한 서비스라 할 수 있다.

롤스로이스는 여기에 그치지 않고 엔진 결함으로 항공사 손실이 얼마나 줄었는지 성과 시스템을 연동해 수익을 내는 비즈니스 모델도 만들었다. 즉, 빅데이터 분석과 사전 유지 보수를 통해 1주일 정도 운행 중단이 될 수 있는 시간을 줄이면서 이로 인해 얻게 되는 항공사 수익 중 일부를 자신들이 가져가는 방식이다. 이는 실제로 항공기 엔진의 운행 시간에 비례해 이용 요금을 과금했다고도 볼 수 있다. 롤스로이스는 전통적인 항공기 엔진 제조와 판매라는 모델에서 운행 시간에 비례한 사용료 과금이라는 새로운 사업 모델을 만든 셈이다.

스타벅스나 롤스로이스의 DX 여정에서도 알 수 있듯 이들의 비즈니스 모델 전환은 어느 날 아침 뚝딱하고 만들어지진 않았다. 많은 시행착오가 있었고 끊임없는 실행의 결과물로 정교하게 가다듬어졌다. 이같은 비즈니스 모델 전환은 중견기업이든 대기업이든, 아니면 스타트업이든 상당히 오랜 기간에 걸친 투자와 실험을 바탕으로 하고 있다.

모든 기업들이 이 같은 절차를 지켜가며 DX의 여정을 잘 걸으면 다행이겠지만 현실은 그렇지가 못하다. 그래서 제조 기업이라면 생산 제품 자체를 디지털화하는 것을 가장 먼저 해볼 수 있는 과제로 추천한다. 제품에 인터넷을 연결하고, 인터넷에 연결될 때 무슨 정보를 수집할 수 있고, 반대로 무슨 정보를 제공할 수 있는지부터 생각해 보는 것이다. 앞서 살펴본 롤스로이스의 사례는 엔진 제조업에서 데이터 기반의 서비스업으로 비즈니스 모델을 전환한 것으로 볼 수 있다. 그런데 시작은 자신이 만드는 제품에 인터넷을 연결하는 것에서부터 출발했다. 즉, 잘하고 있는 것에서부터 시작해서 서서히 디지털 기술을 접목하고 궁극적으로 비즈니스 모델 전환까지 이뤄 낸 것이다.

만약 내부적으로 주력 제품을 디지털화하는 것에 어려움이 있다면 어떻게 해야 할까? 그렇다면 새로운 비즈니스 모델이 아닌 운영 효율화에 DX를 먼저 도입해 보는 것이 좋다. 운영 효율화는 결국 기업 운영에 있어서 다양한 비용의 절감을 의미한다. 기획-개발-운영-생산-품질-마케팅으로 이어지는 밸류 체인에서 기술 요소가 적용되면서 생산성 향상과 비용 절감이 된다면 이 또한 훌륭한 DX 여정이라고 할 수 있다. 숙련된 작업자들의 노하우와 경험 중심의 생산 공정을 디지털 기술을 활용하여 자동화하는 것, 이로 인해 생산 공정 수율 1%만 개선되더라도 기업 입장에서 엄청난 부가가치가 뒤따른다. 이외에 제품을 생산하고 판매한 이후 고객들의 리뷰 데이터를 분석하거나 인터넷에 연결된 제품의 사용 데이터를 추적해 이상 상황을 조기에 감지, 리콜과 같은 품질 사고를 미연에 방지하는 활동도 이에 해당한다고 볼 수 있다. 이 밖에도 주력 제품의 판매 수량을 예측하는 활동, 제품 수리를 위한 부속품의 보관 기간을 추정하는 활동도 DX를 통해서 효율화 할 수 있는 영역이다. 음식료나 화장품과 같은 소비재 제품 생산 기업의 경우 시장 조사 과정에서 오프 중심의 FGI(Focused Group Interview) 대신 SNS의 각종 댓글을 기계적으로 수집하고 이를 분석해서 인사이트를 도출할 수 있다. 이런 것도 DX의 여정이다. (DX의 다양한 성공 사례는 이 책 맨 끝에 별도로 정리해 두었다. 궁금한 분들은 뒷장부터 읽어 보아도 무방하다.)

DX의 궁극적 목표는 기업이 지속적으로 성장할 수 있도록 비즈니스 모델 전환을 상시적으로 할 수 있는 여건을 만든다는 것에 있다. 그러나 처음부터 너무 높은 목표를 잡게 되면 돈만 쓰고 결과가 기대에 미치지 못하거나 내부 반발로 인해 DX 적용이 제대로 안 되는 실패로 끝날 수 있다. 그래서 큰 목표보다는 짧은 시간 안에 적용해볼 수 있고, 바로 효과를 확인할 수 있는 작은 목표부터 시도해보는 것이 필요하다.

6. 디지털 기반의 생산성 도구 도입부터

그동안 사무직 직원의 생산성에 영향을 준 요인들은 여러 가지가 있다. 특히 지난 30년 동안 가장 크게 영향을 준 도구 하나를 뽑으라 한다면 당연히 디지털 도구를 이야기하지 않을 수 없다.

1980년대 말 그리고 1990년대 초로 거슬러 올라가 보자. PC가 기업의 사무실로 본격적으로 활용되기 시작하면서 손이나 타자기로 했던 문서 작성들이 디지털로 전환되었다. 이후 마이크로소프트의 엑셀과 파워포인트까지 나오면서 생산성의 변화뿐만 아니라 일하는 방식에도 엄청난 변화가 일어났다. 자료 찾는 시간이 줄었고 엑셀로 숫자들이 관리되면서 계산 오류도 줄어들었다. 2000년대에 들어와서는 인터넷이 등장했다. 이메일로 대표되는 커뮤니케이션 변화는 가히 혁명적이었다. 이전까지는 유선 전화를 이용하거나 필요한 경우 종이 문서를 우편으로 주고받으면서 업무를 진행했다. 하지만 지금은 이메일이 그 중심 역할을 한다. 지금도 우리는 끊임없이 이메일을 주고받으며 일을 하고 있다. 2010년대 모바일 환경의 확산도 큰 변화를 가져왔다. 데스크톱이나 노트북과 같은 유선 인터넷에서 스마트폰이라는 모바일 환경으로 업무 환경이 옮겨오면서 생산성이 또 한 번 높아졌다. 예를 들어 유선 환경에서만 가능했던 이메일 커뮤니케이션이 모바일 시대에서는 언제 어디서나 가능해졌다. 한때, 아이폰이나 안드로이드폰이 시장을 주도하기 전 블랙베리라는 스마트폰이 북미 시장 강자로 군림하던 시절이 있었다. 블랙베리의 핵심 기능이 바로 실시간 메시징이었다. 실시간 커뮤니케이션이라는 장점 때문에 많은 직장인들이 앞다투어 블랙베리를 사용했다. 이제는 모바일 기반의 메신저, 클라우드 서비스 등이 보다 진화된 업무 환경을 만들어 주고 있다. 2020년 전 세계를 덮친 코로나19는 우리들의 근무 환경을 더욱 급속도로 변화시켰다. 폴리콤이나 시스코와 같은 고가의 전용 장비를 통해서만 가능했던 콘퍼런스 콜이나 화상 회의가 누구나 쉽게 이용할 수 있는 줌(Zoom) 마이크로소프트 팀즈(Teams) 구글미트(Meet)와 같은 모바일 서비스로 전환되었다. 그러면서 재택근무, 원격 근무 등도 업무 환경의 하나로 인정받기 시작했다.

　최근 IT 기업을 중심으로 재택근무나 원격 근무를 더 늘리겠다는 이야기를 많이 한다. 코로나19와 무관하게 직원 만족도도 높고 업무 생산성도 크게 저하되지 않는다는 것을 확인했기 때문이다. 이 같은 변화는 결과적으로 디지털 도구 활용을 촉진하고 있다. 커뮤니케이션을 위한 채팅과 화상 회의 그리고 전통적으로 사용했던 이메일과 일정 공유, 클라우드 환경에 최적화된 파일 공유, 문서 작성 및 공동 편집. 그리고 할 일 관리나 업무 관리를 위한 태스크 관리, 프로젝트 관리 도구 등 단순히 사내에서만 사용하지 않고 회사 밖 파트너나 거래처 협업 관계자들에게도 디지털 도구 이용을 요구하고 있고, 디지털 도구를 사용하지 않는다면 함께 일하는 것이 힘들 정도가 되었다. 협업 도구로는 구글 워크스페이스(이전 명칭 G Suite), 마이크로소프트 365를 도입하기 시작했고, 커뮤니케이션에 있어서도 팀즈나 슬랙(Slack) 등을 사용하기 시작했다.

이런 변화들이 단지 원격 근무를 보완하기 위한 것일까? 원격 근무로 인해 촉발되었다고 하지만 결과적으로는 일하는 방식 자체를 근본적으로 변화시켰다고 볼 수 있다. 지금까지는 개인의 노하우라는 미명 아래에 디지털 도구를 각자 알아서 사용했다. 하지만 코로나19 이후부터는 업무 디지털화가 전사적 과제가 되었다. 엑셀로 업무 일지 작성하듯 관리되던 프로젝트가 '프로젝트 관리 도구'를 사용하면서 훨씬 편리하고 직관적으로 바뀌었다. 이런 변화는 IT 기업뿐만 아니라 업종과 상관없이 모든 기업들에 영향을 주었다.

　DX를 너무 어렵게 접근할 이유는 없다. 지금까지 일해왔던 방식을 디지털로 전환하는 것만으로도 업무 생산성을 높일 수 있다. 앞서 소개한 다양한 도구들을 도입하는 것만으로도 충분한 변화를 체감할 수 있다. 새로운 직원이 입사했을 때 오리엔테이션을 하고 공유 문서를 부서 막내가 묶어서 전달하는 것으로 업무를 시작하는 것이 맞을까, 아니면 슬랙 같은 디지털 워크스페이스에서 지금까지 프로젝트 진행 과정에서 나온 대화나 결과물 그리고 의사결정 사항들을 위에서부터 쭉 살펴 내려오면서 익히는 것이 맞을까? 비교해본다면 그 답은 이미 정해져 있다. DX는 직원들의 일하는 방식을 바꾸는 것에서부터 시작된다. 도구를 바꾸면 일하는 방법이 바뀌고 모든 업무마다 데이터가 남는다. 이를 좀 더 먼 관점에서 바라보면 기업의 연속성이 높아지는 일이라고 할 수 있다. 그 결과 비즈니스 모델 전환 같은 큰 과제들도 해낼 수 있다. 이처럼 DX는 작게 시작해서 게임의 여정처럼 계속해서 아이템을 확장해나가며 궁극적인 변화를 꿈꾸는 것이라고 할 수 있다.

7. 생산성 도구 도입에 있어 주의할 점

직원들의 디지털 역량 향상을 위한 첫걸음으로 디지털 도구 도입을 이야기했다. 하지만 단순히 디지털 도구만 도입한다고 해서 직원들의 디지털 역량이 바로 길러질까? 그렇지는 않다. 대부분의 경우 기업 내 IT 부서가 디지털 도구 도입 프로젝트를 주도한다. 전통적으로 IT 부서는 주어진 비용으로 일정 내 도입이 최우선 목표이다. 그렇기 때문에 도입 이후의 효과나 적용 방법 나아가 변화 관리 부분은 놓치기가 쉽다. 하지만 IT 부서에 이러한 정성적인 효과에 대해서까지도 책임을 물을 수 있을까? 그렇기는 어렵다. 해당 영역은 기업 전략일 수도 있고 기업 문화 혹은 HR 업무일 수도 있다. 그런데 IT 부서 스스로의 기획도 아닌 CEO나 다른 조직의 요청에 의한 도입이라면? 더더욱 기계적인 프로젝트 수행밖에 안 될 것이다.

이런 문제를 해결하기 위해서는 다음과 같은 관점이 필요하다. 디지털 도구 도입을 다른 IT 프로젝트와 달리 단순히 비용과 일정으로만 바라보지 않는 것이다. 도입 이후 회사에는 어떤 가치가 생길 수 있고, 직원들이 어떻게 사용해야 하는지, 프로젝트 범위 내에서 설명하고 다뤄야 한다. 이를 위해서는 직원들의 공감대를 이끌어내는 과정이 프로젝트 도입과 함께 필요하다. 그리고 필요하다면 IT 부서 이외 다른 부서의 참여도 필요하다.

디지털 도구 도입에는 기본적으로 비용 투자가 필요하다. 주로 SaaS(Software as a Service) 형태의 구독형 서비스가 주류를 이룬다. 구글 워크스페이스, 마이크로소프트 365/팀즈, 슬랙 등은 모두 대표적인 기업형 구독 서비스이다. 구독 서비스의 경우 월 과금 형태로 사용료를 지불하는 것이 일반적이다. 그래서 전통적인 SI 프로젝트와 달리 투자비(CAPEX, Capital Expenditure)가 아닌 운영비(Opex, Operating Expenditure) 중심으로 비용이 발생한다. 프로젝트를 위한 예산 편성을 새롭게 해야 하는 경우라면 이런 차이점을 충분히 이해하고 계획을 마련해야 한다.

구독형 서비스의 경우 이미 표준적으로 만들어진 것을 기업이 사용하는 형태이기 때문에 우리 회사에 딱 맞게 커스터마이징 하기는 어렵다. 그동안은 많은 기업들이 SI 형태로 자신들의 요구 사항을 최적화하여 IT 프로젝트를 진행했다. 하지만 SaaS 형태의 구독형 서비스를 이용하는 경우에는 기능 변경은 고사하고, 서비스 사업자의 서버를 그대로 이용해야 한다. 이런 차이점 때문에 SaaS 형태의 디지털 도구 도입 과정은 모든 과정이 도전적일 수밖에 없다. 기업 규모가 작아 기업 내 IT 시스템과 인프라가 정립되지 않았다면 크게 어렵지 않게 바로 시작할 수 있지만 직원 규모가 100명만 넘어가더라도 이해관계에 따른 복잡성은 기하급수적으로 증가할 수밖에 없다.

우선은 원활한 서비스를 위해 기존 레거시 시스템과의 연동이 필요하다. 예를 들어, 회사의 조직도 및 구성원들의 정보를 자동으로 연동하는 경우를 살펴보자. 대부분의 경우 SaaS 서비스 사업자가 직접 해주지 않기 때문에 도입하는 회사가 SaaS 서비스의 규격에 맞춰 별도로 연동을 해야 한다. 이 정도의 연동 작업은 쉬운 편에 속한다. 정작 어려운 일은 보안과 같은 일이다. 보안이 까다로운 기업이라면 도입 과정에서 더 많은 시행착오가 발생한다. 기존까지 사용하던 문서 보안부터 기업 내 데이터 유출까지 새로운 도구에 따른 다양한 보안 문제가 발생한다. SaaS의 특성상 이들 서비스는 기업 내부망에 존재하지 않고 외부망에 위치한다. 이는 기업 내부에서 만들어지는 모든 지적 자산이 외부 저장소에 저장된다는 것을 의미한다. 그래서 이런 근본적

환경 변화를 조직 내 다른 이해관계자들에게 잘 설명하고 설득하는 과정이 필요하다. 적절한 보안과 내부 통제는 필요하지만 잘못된 의사결정은 SaaS의 장점을 100% 활용할 수 없고, 프로젝트 성공 가능성도 낮추는 결과를 낳는다. 억지스러운 요구 사항 때문에 DX의 본질을 점점 잃어버릴 수 있다는 뜻이다. 그래서, 이런 상황이 발생할 때마다 "우리 회사에 디지털 도구를 도입하려는 이유가 무엇인가?"라는 질문을 절대 잊어서는 안 된다.

디지털 도구를 도입하는 것은 결국 일하는 방식을 바꾸기 위함이다. 디지털 도구가 불러올 변화는 생각보다 크다. 지금까지 아날로그 형태나 개인적인 경험 중심으로 진행된 일이 모두 디지털로 바뀌면서 표준화가 된다. 기업 내 모든 업무 프로세스를 데이터화하고 기업의 자산으로 이용할 수 있도록 하는 중앙화 과정이 바로 디지털 도구 도입의 숨은 목표라 할 수 있다. 앞서 설명한 것처럼 직원들의 일상 업무에서 변화를 불러일으키기 위해서는 디지털 도구 사용 가이드라인을 직원들에게 제공해야 한다. 디지털 환경에 익숙하지 않은 기업 문화를 가졌다면 직원들 교육도 고민해야 한다. 일회성에 그치지 않고 지속적인 교육이 되어 디지털로 일하는 방식이 내부에 안착되도록 해야 한다.

이미 기업들은 DX 프로젝트를 시작하기 전부터 이메일

작성(제목과 내용 등) 형식을 정한다거나, 업무용 파일을 만들 때 파일명은 어떻게 해야한다든가 하는 세세한 업무 가이드라인을 만들어 직원들에게 배포하고 있다. 여기에 메신저를 이용하는 경우 업무 이력을 확인하기 위한 채팅과 그럴 필요가 없는 채팅을 어떻게 구분하는지, 클라우드 기반으로 문서를 편집할 때는 개인 PC가 아니라 반드시 클라우드 상에서 어떻게 파일을 생성하고 작성하는지 등을 가이드 할 수 있다. 더불어 이메일이나 채팅 대화에서 파일을 물리적으로 첨부하지 말고 클라우드 상에 있는 링크로 전달하라고 가이드에 포함시킬 수도 있다. 또한 회사 조직도에 맞춰 팀 공간을 만들거나, 새로운 프로젝트팀이 만들어질 때에는 채널 운영을 어떻게 한다거나, 프로젝트가 끝나면 지금까지 사용한 온라인 협업 공간을 언제 삭제한다 등 모든 것들을 가이드라인과 교육을 통해 직원들에게 안내해야 한다. 그리고 한번 교육했다고 해서 모든 직원들이 능숙하게 사용하면 좋겠지만 절대 그럴 수 없기 때문에 직원들의 디지털 도구 활용 정도에 대한 지속적인 확인과 교육, 일정 시점 이후 활용성에 대한 내부 평가와 재교육 등 디지털 도구의 활용이 직원들 역량 향상에 기반이 될 수 있도록 계속해서 신경 써야 한다.

하지만 이보다 더 중요하게 놓치지 말아야 할 점은 경영진 및 임원들의 변화이다. 디지털 도구를 가장 빠르게 확산시키는 방법은 바로 경영진부터 적극적으로 활용하는 것이다. 물론 경영진들의 입장에서 익숙하지 않은 환경에 적응하는 것은 직원들에 비해 상대적으로 어렵다. 그러나 DX를 가속화하고 싶다면 경영진들의 솔선수범은 무엇보다도 중요하다. 일례로 회의록은 클라우드 상에서 직접 작성해 직원들에게 공유한다. 보고 자료의 슬라이드를 만들 때 의견 전달 방식도 클라우드 상에서 진행하도록 지시하고, 실무자가 작성한 보고서도 중간 점검을 하면서 댓글로 피드백을 한다. 프로젝트 일정도 엑셀 표나 보고 자료가 아닌 프로젝트 관리 도구를 띄워 의견을 나눈다. 주간 단위의 보고도 별도의 자료가 아닌 협업 공간의 위키나 문서를 그대로 보면서 의견을 주고받는다. 이처럼 경영진이나 임원이 먼저 솔선수범해서 디지털 도구를 활용한다면 직원들은 더더욱 긴장감을 가지고 스스로 활용하려고 노력할 수밖에 없다. 그래서 경영진을 대상으로는 별도의 교육이 필요하다.

경영진 교육의 핵심은 도구를 어떻게 쓰는지, 가이드라인이 어떤지를 설명하는 것이 아니라 디지털 도구를 왜 사용하는 것이고 이로 인한 경영상의 이득이 무엇인지 설명하는 것에 집중한다. 즉, 공감대를 이끌어내는 방식이어야 한다. 시대가 바뀌니 우리 회사도 쫓아가야 한다는 식으로 설명하기보다는 성과 창출을 위해서는 꼭 필요한 과정이라고 설득하는 것이 중요하다. 앞서 설명했던 대로 클라우드 상에서 작업하고, 중간에 피드백을 주고받고, 모든 정보는 중앙에서 관리하는 것이 기능이나 기술의 관점이 아닌 경영의 관점에서 생산성 향상에 어떤 도움을 주는지를 설명해야 한다. 그리고 직원들의 전환 배치나 이직에 따른 리스크 관리에 어떤 이점이 있는지를 잘 설명해도 경영진의 공감을 충분히 얻을 수 있다. 실제 이메일을 통해 파일을 주고받지만 메일을 찾지 못해 다시 전화를 걸어 파일을 보내 달라고 요청하고, 최종 보고 자료가 만들어진 뒤에도 '_최종' '_최최종' '_최최최종' 이렇게 파일이 만들어지는 상황을 잘 설명한다면 충분히 경영진의 공감대를 얻어낼 수 있다.

디지털 도구는 직원들의 디지털 역량 향상을 위한 첫 출발점이다. 그러니 도구 도입에만 집중하지 말고 이를 어떻게 활용하는지, 활용하게 되면 어떤 효과를 얻을 수 있는지, 경영진을 포함한 직원들로부터 공감대를 얻는 것이 DX 여정에 있어 중요한 접근임을 잊지 말자.

8. 직원들의 사용자 경험(UX)도 중요

코로나19 이후 많은 기업들이 원격 근무를 시작하면서 새롭게 인식하기 시작한 것이 하나 있다. 그것은 이전까지는 불편함 없이 그럭저럭 사용해오던 기업 내 IT시스템(일종의 그룹웨어)을 삐딱한 눈으로 바라보기 시작했다는 것이다. 특히 일상생활에서 쓰고 있는 각종 모바일 서비스와 비교하게 되면 회사 시스템은 너무나도 세련되지 못했다. 그동안 모든 구성원들이 같은 공간에서 일할 때는 불편해도 그러려니 하고 사용했지만, 원격 근무라는 비대면 환경에서는 그렇지가 못했다. 무엇보다 원격이라는 환경 때문에 다른 서비스를 써보게 되고, 회사 시스템을 객관적으로 바라보게 되면서 직원들의 불만이 여기저기 터져 나오기 시작했다. "모바일 지원도 안 돼" "자동 저장도 안 되어서 매번 새롭게 입력해야 돼" "글자도 너무 작고 디자인이 구식이야" 이런 불만들은 자연스레 직원들의 생산성과 일하는 방식에도 영향을 미치기 시작했다.

지금까지의 사용자 경험(UX)이라는 말은 B2C 서비스에서나 중요하게 생각하던 주제였다. 그러나 코로나19 이후 DX 시대에서는 고객을 위한 디지털 사용자 경험뿐만 아니라 직원들의 사용자 경험도 중요하게 인식하기 시작했다. 한마디로 말해 직원들이 편하게 사용하고 아무런 문제점을 느끼지 못해야 디지털 도구의 사용이나 프로젝트 적용에 있어 거부감을 가지지 않는다는 것이다. 그래서 DX의 여정을 성공적으로 이끌기 위해서는 직원들의 경험과 만족도가 가장 중요한 첫 번째 요소가 된다.

앞서 소개한 SaaS 형태의 디지털 도구는 도입을 결정한 후 실제 사용하기까지 많은 시간을 필요로 하지 않는다. 특별한 연동 개발 없이 대부분 클라우드 환경에서 바로 이용할 수가 있고, 어떤 서비스를 채택하든 일상에서 쓰던 여러 서비스의 사용 경험과 크게 다르지가 않다. 예를 들어 팀즈나 슬랙 같은 도구는 모바일 환경에 최적화되어 있으며 웹에서도 쉽게 접속해서 사용할 수 있다. 회사 PC 이외에 집에 있는 개인용 PC나 스마트폰에서도 업무를 연속해서 진행할 수 있으며 보통의 앱처럼 알림도 잘 구현된다. 우리가 일상에서 자주 사용하는 각종 쇼핑 앱이나 메신저 앱의 사용자 경험도 이와 크게 다르지 않다. 쿠팡이나 11번가와 같은 쇼핑몰, 카카오톡과 네이버와 같은 메신저 및 포털 서비스를 이용함에 있어 우리는 하등 불편함을 느끼지 못한다. 이는 우리가 이미 사용 경험을 많이 한 것도 있겠지만, 각종 서비스들이 거의 표준화된 사용자 경험을 제공하고 있기 때문이다.

그러나 회사에서 쓰고 있는 사내 IT시스템을 생각해보면 답답하기가 그지없다. 재무나 회계 부서가 아님에도 불구하고 상당히 복잡한 ERP 시스템을 익혀야 법인 카드를 신청하거나 비용 처리를 할 수 있다. HR 담당자가 아닌데도 인사와 관련된 기능 하나를 실행하려면 HR 시스템의 화면을 익히고 2단계 3단계로 넘어가는 과정을 거쳐야 한다. 이는 지금까지의 기업 시스템이 직원들의 편의성이나 사용자 경험보다는 공급자들이 제공하는 시스템을 그대로 도입하고 직원들에게 그 사용을 강요해온 측면이 있기 때문이다.

이 같은 환경에서 재택근무를 시작했다고 상상해보자. 회사에서 지급받은 노트북으로 회사 시스템에 접속하려고 하는데, 보안을 위한 VPN을 미리 신청해두지 않았다. 그리고 재택근무가 길어지는 상황에서 새로운 직원이 입사했다. 입사 교육을 하고, ID를 발급하고, 노트북 지급 등을 해야 하는데 담당자를 찾아 메일이나 전화를 통해 해결할 수도 있겠지만 이것저것 과정이 좀 복잡해진다. 기존처럼 대면 환경에서는 큰 문제가 되지 않겠지만 재택이나 원격 근무와 같은 비대면 상황에서는 이런 사소한 것들이 문제로 인식되기 시작한다. 나아가 다양한 종류의 IT 서비스를 경험한 사용자가 많아지면서 당연히 회사 안에서도 비슷한 환경이 제공되기를 바란다.

그렇다면 신규 입사자의 온보딩(On-boarding) 과정을 일상적으로 쓰는 메신저와 커머스 서비스처럼 제공할 수는 없는 것일까? 신규 입사자가 출근해서 각 부서별로 제출해야 하는 서류를 온라인 클릭 몇 번만으로 제출하고, 노트북과 업무용 계정 등을 신청하고, 이어서 필요한 기본 소양 교육 등을 영상으로 시청한다. 물론 이 과정은 PC나 핸드폰에서도 별 무리 없이 진행된다. 한마디로 너무나도 쾌적한 그룹웨어 환경이다. 최근 이런 환경 변화에 대안이 될 수 있는 서비스들이 시장에 하나씩 소개되고 있다. 가장 주목받고 있는 서비스 중 하나를 꼽으라면 바로 서비스나우(ServiceNow)이다. 이미 미국 포춘 500대 기업의 80%가 사용하고 있는 서비스로 기업의 업무 환경 개선에 초점을 맞추고 있다. 이 서비스는 신규 입사자 프로그램으로 예를 들어 설명하게 되면, 각 부서에 흩어져 있던 교육을 하나의 흐름으로 만들어 입사자가 그것을 마칠 때마다 자동으로 통보해주는 역할을 한다. 즉, 부서로 전화나 이메일을 돌리고 결재를 받지 않아도 된다. 이런 흐름은 앞서 소개한 팀즈, 슬랙 등의 디지털 도구뿐만 아니라 기업의 기본 시스템인 HR, ERP 등과도 연동돼 사용자(신규 입사자)가 단일한 서비스를 받는 듯한 느낌을 준다. 이런 서비스를 이용하여 디지털 환경을 구축한다면 직원들은 회사 시스템을 사용함에 있어 ERP 따로, 그룹웨어 따로, 프로젝트 관리 따로 같은 분산된 경험이 아니라 단일한 모바일 또는 웹 환경에서 일관성 있는 사용자 경험을 하게 된다. 한마디로 단일화된 서비스 데스크만으로 기업 시스템을 사용할 수 있게 되는 것이다. 그 결과는 말 안 해도 알것이다.

DX를 위해 디지털 경험과 문화를 기업 내에 안착시키는 것은 무엇보다 중요한 첫걸음이다. 이를 위해 지금까지 공급자 중심으로 생각했던 기업의 IT 시스템을 직원들(사용자) 입장에서 생각해보자. 이는 단순히 직원들의 경험을 높여주는 데 그치지 않고 생산성을 높이고 더 나아가 회사 내 모든 업무가 디지털로 변환되고 로그 데이터를 남기는 첫 출발점이 된다.

9. RPA, 부서별로 AI 직원 한 명을 채용하는 것

지속 가능한 DX를 위한 첫 단계로 디지털 도구 도입을 이야기했다. 이어서 직원들의 일하는 방식의 변화와 디지털 문화 체험을 이야기했다. 하지만 직원들이 이들 도구에 적응하고, 생산성을 높이기 위한 노하우로 만드는 데까지는 꽤 많은 시간이 소요될 수밖에 없다. 그렇다면 학습 시간이 짧고 즉시 효과를 낼 수 있는 DX의 시작은 없을까?

있다. 바로 최근 많은 주목을 받는 RPA(Robotic Process Automation)가 바로 그것이다. RPA란 사람이 컴퓨터를 가지고 반복적으로 하던 일을 로봇, 즉 컴퓨터 내의 소프트웨어 로봇이 대신하는 것을 의미한다. 소프트웨어 로봇이란 물리적인 로봇이 아닌 소프트웨어만으로 동작하는 자동화된 프로그램을 말한다. 특정 웹 페이지에서 정보를 가져와서 엑셀에 저장한다거나 기업 내 특정 양식에 데이터를 채워 넣고 비용 청구서를 작성하는 것처럼 단순하고 반복적인 작업에서부터 조금은 복잡한 업무 프로세스까지. 이 모든 것들이 RPA를 통한 자동화가 가능하다. 예를 들어, 택배 발송을 위해서는 엑셀에 정리되어 있는 이름과 주소 등을 택배 서비스 사이트에 입력하는 일을 수작업으로 해야 한다. 100건 정도라면 큰 무리가 된다고 할 수 없겠지만, 1만 건의 택배 데이터를 입력해야 한다면 1만 번을 복사/붙여넣기를 하면서 주문 처리를 해야 한다. 만일 시스템 간의 자동화가 되지 않은 상황이라면 단순 반복 업무임에도 엄청난 시간이 소요되고, 수작업으로 인한 실수 가능성도 높아진다. 이런 일에 직원들을 투여한다는 것은 경영 관점에서는 낭비가 될 수밖에 없다. 또 다른 예로 특정 주소지의 부동산 가격을 매일 체크하여 보고하는 담당자가 있다고 해보자. 이 담당자는 매일 출근하자마자 부동산 가격을 확인하고, 이를 보고서(또는 이메일)에 기입하는 작업을 반복한다. 그런데 이런 조사 대상이 한 곳이 아니라 매일 1,000곳이라면 어떻게 될까? 아마 담당자는 다른 일은 하지 못하고 이 일에만 매달리게 될 것이다. 이처럼 사무직 직원들은 자신의 기본 업무 외에 매일 같이 처리해야 하는 단순 반복 업무가 한두 가지씩은 꼭 있기 마련이다. 이 일을 위해 별도의 담당자를 두기도 어렵고, 별도의 시스템을 만드는 것도 불가능하다. 이럴 때 RPA가 이런 문제를 해결해 줄 수 있다.

RPA는 컴퓨터에서 사람이 하는 행동을 그대로 녹화해서 플레이하는 것처럼 컴퓨터가 대신해 준다고 생각하면 된다. 사용자가 일상적으로 사용하고 있는 화면 레벨에서 동작을 캡처하여 실행하는 것으로 업무를 자동화 한다. 예를 들어, 특정 엑셀 파일에 매일 기입하는 내용을 ERP의 특정 메뉴에 복사 입력하는 일을 매일 하고 있다고 생각해보자. RPA는 이 일을 사람이 하는 것처럼 똑같이 해준다. 즉, 특정 엑셀 파일을 RPA가 대신 열어서 규칙화된 값을 넣거나 복사해 간다. ERP의 경우에도 RPA가 대신 로그인하고, 엑셀에서 복사한 값을 사람 대신 입력하고 저장하기 버튼을 눌러준다. 사람이 특정 규칙을 가지고 하던 일을 RPA가 대신해주는 것이다.

이밖에도 RPA는 기업 내외부에 존재하는 시스템의 대규모 개발이나 변경 없이도 자동화를 할 수 있다는 장점이 있다. 더불어 1:1의 관계가 아닌 여러 시스템에 걸친 자동화도 가능하다. 그래서 작은 부서 단위 또는 담당자별로 특화 서비스를 개발할 수도 있다. 서비스 하나하나를 보면 효과가 크지 않다고 느낄 수 있지만 회사 전체로 모아본다면 효율적인 인력 운영 효과도 있고, 무엇보다 직원들의 업무 만족도 및 DX 효용성을 이해하는 계기를 마련할 수 있다.

RPA를 경영진에게 소개해야 한다면 다음과 같이 설명해보자. "각 부서별로 AI 직원을 한 명씩 채용하는 것과 같습니다. 팀 내의 신입 직원이라고 가정하고, AI 직원에게 어떤 일을 시킬지 고민하면 손쉽게 활용이 가능합니다. AI 직원이 단순 반복적인 일을 모두 도맡아서 하면 다른 직원들은 조금 더 고민이 필요한 일에 집중할 수 있습니다. 이러한 AI 직원이 1명이든 100명이든 투자비 관점에서는 큰 차이가 없습니다."

실제 RPA 사용의 성숙도가 높아지면 처음에는 단순반복적인 일만 처리하다 나중에는 회사 프로세스를 아예 RPA에 적합하도록 변경하기도 한다. 별도의 시스템을 만들어야 가능했던 것들이 시스템 변경 없이도 가능해진다. 이런 변화가 바로 지속 가능한 DX의 시작이 될 수 있다.

10. 로우코드/노코드, 누구나 하는 DX

DX를 빠르게 시작하는 또 다른 방법으로 로우코드/노코드 (LCNC, Low-code/No-code Development) 플랫폼 활용법이 있다. 일종의 홈페이지 빌더와 같은 것으로 생각하면 된다. 홈페이지 빌더는 웹 개발과 디자인에 전문적 지식이 없더라도 제공되는 템플릿에 콘텐츠를 넣기만 하면 일정 수준 이상의 홈페이지를 만들 수 있다. 이처럼 홈페이지 대신 모바일 앱을 쉽게 만들어주는 플랫폼이 로우코드 플랫폼이다. 앞서 이야기한 RPA가 업무 프로세스를 자동화하거나 단순 반복적인 업무를 줄여주는 역할을 한다면, 로우코드 플랫폼은 전문적인 개발 지식 없이도 앱이나 웹 시스템을 만들 수 있도록 도와준다. 그래서 개별 부서 또는 개인이 RPA를 만드는 것처럼, 이용자가 많지는 않지만 꼭 필요한 앱이 있다면 로우코드 플랫폼을 이용해 간단히 만들 수 있다. 이렇게 만들어진 마이크로 서비스들은 PC나 모바일 어디에서도 사용할 수 있다.

로우코드 플랫폼을 사용하면 개발자가 모든 소스 코드를 작성하지 않고 레고 블록처럼 조합하여 시스템을 구축하므로 개발 기간을 대폭 단축시킬 수 있다. 시스템 개발이라고 하면 오랜 기간이 필요하다는 생각을 할 수 있는데, 로우코드 플랫폼을 이용하면 며칠 혹은 몇 주라는 짧은 기간 안에 애플리케이션을 선보이고 빠르게 피드백을 받아 앱을 변경하고 수정하는 것이 가능해진다. 물론 규격화된 템플릿을 블럭처럼 조합하는 방식이기 때문에 자유도 측면에서는 한계가 있을 수 밖에 없다. 하지만 개발 기간이 짧기 때문에 인건비를 절감할 수 있고, 간단한 교육만으로도 현업 담당자가 직접 만들 수 있다. 흔히 시민 개발자(Citizen Developer)로 엑셀 매크로를 이용해 자신만의 업무 노하우를 자동화할 수 있는 담당자라면 충분히 로우코드를 활용한 개발이 가능하다. 프로그램 코드 입력 부분이 적어 실수가 줄어드는 점도 개발 리소스를 줄이는 역할을 한다.

로우코드 플랫폼의 또 다른 장점은 인력 확보가 상대적으로 쉽다는 것이다. IT 전문 회사가 아닌 전통적인 기업의 IT 부서에서 개발자 1~2명을 채용하는 일은 무척 어려운 일이다. 최근처럼 IT 인력의 품귀 현상이 겹치게 되면 그야말로 좋은 사람 찾기가 하늘의 별 따기가 된다. 이런 환경에서 로우코드 플랫폼은 개발자 수급에도 많은 유연성을 제공해 준다. 아주 뛰어난 실력을 갖춘 개발자가 아니라도 기본 이상의 결과물을 만들어 낼 수 있기 때문이다.

로우코드 플랫폼을 어디에 이용하면 좋을지 좀 더 구체적으로 살펴보자. 앞서 RPA가 프로세스 자동화라고 했다면 로우코드 플랫폼은 특정 폼에 데이터를 입력하고, 이를 수정/삭제하는 일종의 게시판과 같은 회사 시스템을 만들 때 유용하다. 개발에서 흔히 CRUD(쓰기, 읽기, 수정, 삭제)라고 표현하는데 이를 손쉽게 구현하는 도구로 이해하면 된다. 더불어 다양한 데이터 소스들과 연결하여 마이크로 서비스를 만들 때도 유용하다. 게시판처럼 아무런 데이터 없이 결과물을 만드는 경우도 있지만, 많은 경우 회사 내 다양한 시스템과 연동이 필요한 경우가 많다. 이미 시장에는 이런 연동이 가능한 솔루션들이 많이 나와 있어 HR 시스템에서 직원 정보를 가져오거나, ERP에서 특정 데이터를 가져와서 특정 기능을 수행하는 마이크로 서비스의 개발이 점점 쉬워지고 있다.

로우코드 플랫폼에는 어떤 것들이 있을까? 대표적으로 마이크로소프트의 파워 앱스(Power Apps)가 있다. 마이크로소프트 제품들 간의 연동뿐만 아니라 파워 앱스의 데이터 가시화 도구인 파워 BI, RPA 프로그램인 파워 오토메이트

등과 유연하게 연동이 되고 SAP, 세일즈포스(Salesforce) 등 약 350개 이상의 파트너사 데이터와도 연동이 가능하다. 그 다음으로는 서비스나우(ServiceNow)가 있다. 마이크로소프트 파워 앱스보다 유연성이 더 뛰어난 플랫폼으로 ITSM(IT 서비스 관리, IT Service Management) 등 기존 시스템의 디지털 전환과 함께 도입 가능하다는 장점이 있다.

로우코드 플랫폼은 디지털 도구처럼 매일 일상에서 사용하는 업무용 시스템을 간단히 만들고, 필요에 따라 쉽게 수정하여 사용할 수 있는 장점이 있다. 그러나 그것보다 더 중요한 것은 기업 전반으로 각 조직에서 필요한 다양한 요구 사항을 도출하고, 이를 디지털로 전환하는 과정을 직접 궁리해보는 것에 있다. 그러면서 서서히 사내 디지털 문화로 확산시키는 것이 중요하다. 이러한 디지털 문화의 저변 확대야 말로 지속적인 DX를 추진하는 데 있어 아주 중요한 원동력이 된다.

2부

DX 조직 구축과
인재 확보

11. DX만 담당하는 전문가 조직(CoE)으로

DX 조직을 한마디로 규정해 본다면 기업 내 디지털 혁신을 위한 전문가 조직(Center of Excellence)이라고 할 수 있다. 별도의 전문가 조직이 필요한 이유는 IT 업종에서든 비IT 업종에서든 모두 동일하다. 전문성이 요구되는 문제를 재빨리 해결하기 위해서다. 이를 위해 전담 인력을 각 부서에서 차출하거나, 별도의 채용을 통해서 뽑거나, 전문가 집단에 소속시켜 프로젝트를 추진하는 것이 중요하다.

　DX 조직을 신규로 만들 때 기존 IT 조직과 분리하는 이유도 같은 맥락이다. 대표 이사 직속으로 조직을 별도로 구성하고, 전문가 조직이라는 위상에 걸 맞는 보상과 인사평가 제도를 마련하기 위해서다. 어떻게 보면 조금은 과하게 보일 수 있으나, 한시적으로라도 기존 조직과는 확실히 구분지어 운영하는 것이 필요하다. 이후 DX의 실행에 따라 본격적으로 사업이 활성화되고 추가 인력들이 들어오면 조직이 확장 단계로 접어드는데, 그때 가서 전문가 조직이라는 틀을 깨고 사업 조직으로 분산시킬 수도 있다. 최종 목표는 사내 조직 운영에 부합하는 조직이되, 단기적으로는 별도의 전문가 조직 형태로 DX에 박차를 가하는 것이라 할 수 있다.

회사 구성원 전체로 디지털 역량을 향상시키고자 할 때는 조직 운영을 어떻게 해야 할까? DX 때문이 아니더라도 조직 문화의 개선 관점에서도 이러한 시도는 다양하게 이루어질 필요가 있다. 이 또한 전문가 조직의 형태를 활용하면 효율적이다. 그렇지 못할 경우 의도하지 않은 결과를 초래할 수 있다. 예를 들어, 공장을 보유하고 있는 제조 회사에서 직원들의 디지털 역량을 높인다고 가정할 때 보통의 경우 각 분야의 베테랑들을 선발한다. 그런 다음 이들을 모아 교육을 한다. 필요 수준에 도달할 때까지 계속된 투자를 가한다고 할 수 있다. 각 부서에서 온 베테랑들의 디지털 역량이 향상되면, 이들을 다시 원래 조직으로 복귀시킨다. 이제는 이들이 각 부서의 중심이 되어 전파 교육과 새롭게 변화하는 기술 또는 업무 방식의 구심점 역할을 한다. 이처럼 상대적으로 접근이 용이한 특정 기술을 습득하거나 단순 교육으로 확대할 수 있는 부분은 이러한 전파 교육의 방법으로 기업 전체를 변화시킬 수 있다.

하지만 DX에서 이야기하는 디지털 역량과 관련해서는

이런 방법으로 성공하기가 쉽지 않다. DX는 지적 정보의 습득과 전파를 넘어 보다 근본적인 근무 방식의 변화나 문화 변경을 필요로 하기 때문이다. DX를 앞서 얘기한 방식으로 진행하게 된다면 어떤 일이 일어날까? 우선 각 부서의 베테랑들이 모인 전문가 집단을 구성한다. 그런 다음 교육을 통한 역량 향상까지는 기존과 크게 다르지 않다. 하지만 이들이 자신의 원래 부서로 돌아가 전파 교육을 하고자 할 때는 기존 조직을 지배하던 관성의 힘을 쉽게 넘어서지 못한다. 경영진들은 이들 베테랑들이 기존 조직으로 들어가 전체 역량을 끌어 올려줄 것을 기대하지만 생각만큼 안 되는 문제가 발생한다.

이런 경우 시간은 걸리겠지만 다음의 방법을 추천한다. 우선 베테랑으로 이뤄진 전문가 조직을 전혀 다른 조직처럼 생각한다. 그리고 이들에게 투자를 아끼지 않고 교육을 시킨다. 일정 수준 이상의 역량이 확보되었을 때, 이들 전문가들을 현업 조직으로 복귀시키는 것이 아니라, 변화가 필요한 현업 조직 옆에서 같이 일하도록 조직 발령을 한다. 그리고 물리적인 사무 공간도 한 곳으로 모은다. 업무 자체를 바꾸는 것이 아니라 전문가 조직과 같이 일하게 함으로써 디지털 기반의 업무가 어떤 것인지 간접 경험을 하게끔 하는 것이다. 이 과정을 거치게 되면 전문가 조직과 옆으로 이동해온 현업 조직은 전문가 조직과 비슷한 수준으로 디지털 문화를 이해하고, 여러 도구를 활용하는 데 있어 큰 어려움을 느끼지 않게 된다. 그렇게 현업 조직이 어느 정도 DX에 대한 이해와 활용이 가능하게 되면 다시 원래 위치로 돌려보내고, 또다시 다른 현업 조직을 마찬가지로 전문가 조직 옆으로 배치시킨다. 이런 식으로 가랑비에 옷 젖듯 조금씩 전체 조직의 디지털 역량을 높이는 방법을 쓸 수 있다.

조직이 큰 경우라면 어떻게 해야 할까? 20명 이내가 아닌 더 많은 인원을 한꺼번에 변화시켜야 하고, 물리적인 공간의 한계로 전문가 조직 옆으로도 이동할 수 없는 경우라면? 이때는 규모가 큰 조직을 작은 단위로 나눠서 앞서 이야기한 방식으로 운영하거나, 기존 현업 조직에서 베테랑을 선발할 때 조직 규모에 비례하여 인원을 뽑고 교육을 시키는 수밖에 없다. 한 명이 상대할 수 있는 현업 담당자들의 규모는 한정적일 수밖에 없으니 인원 규모에 비례하여 절대적인 인원들을 키워야 한다. 만일 이 또한 불가능한 상황이라면, 이때는 전문가 조직 구성원을 총동원하여 현업 조직을 변화시키는데 시간을 투자해야 한다. 물론 이런 방법을 추천하는 것은 아니다. 가능한 통제 가능한 인원들과 적정 규모 인원들을 조금씩 바꿔가면서 점점 범위를 넓혀가는 것이 좋다.

사람을 바꾸는 것, 특히 일하는 방식이나 문화를 바꾸는 것은 기업에게 가장 어려운 숙제이다. DX를 실행하는 기업이 일하는 방식과 문화를 바꾸지 않고서 단순히 주어진 비즈니스 모델만 들여놓는다고 해서 근본적인 변화가 일어나기는 힘들다. 회사 구성원들의 인식과 행동을 어떻게 바꿀지 끊임없이 고민한다면 앞서 제안한 방법을 선택하든 혹은 언급하지 않은 새로운 방법을 만들든 스스로 해결책을 마련해 낼 수 있다.

CoE는 다양한 배경, 교육 수준 및 경력을 지닌 전문가들로 구성된 팀이다. 각 전문가는 각자 자신이 담당한 주제에 대해 최고 수준의 전문성을 지니고 있다. CoE에 소속된 전문가는 기업가 정신과 태도로 무장했다는 점에서 일반 전문가와는 다르다. CoE는 전체 비즈니스 가치망을 완벽히 이해하고, 고객의 기대와 기업의 가용 기술 자원을 파악해 테크놀로지와 시장 매커니즘을 적절히 조화시킬 줄 아는 사람이다. 또한, 영업 부문과 고객 그리고 파트너 간의 혁신과 정보의 교환에 있어서도 허브 역할도 할 수 있다. 부서 간 경계에 설치되어 효율성을 저해하는 가상의 팀과 달리 CoE 팀은 하나의 분명한 미션과 비전, 전략을 가진 목표 지향적 팀이라고 할 수 있다.

CoE는 유연하면서도 혁신적인 태도로 혁신을 주도해 나가는 조직이다. 경쟁 업체보다 더 빠르게 행동하는 것만이 성공을 향한 유일한 길임을 이해하고 있다. 그래서 이들에게는 속도와 유연성이 무엇보다 중요하고, 이러한 성공은 가장 최고의 인력을 선별했을 때 가능하다.

디지털 혁신에 있어 가장 중요하고 전략적인 과정을 시작하려고 할 때, 앞으로의 목표를 설정하고 계획을 수립할 때, 기업의 비전을 그릴 때, 최고의 전문가로 구성된 CoE 팀을 구성하는 것은 DX의 성공 확률을 높일 수 있는 방법이다. 이들은 더 강력한 동기와 집중력 그리고 뚜렷한 목표를 가진 팀으로 DX를 주도할 것이다.

12. DX 리더 외부에서 뽑을 때, 내부에서 뽑을 때

기업에서 DX를 추진할 때 디지털 이해도가 높은 직원을 선별해서 조직을 꾸리는 것이 가장 일반적이다. 이 경우 기존 IT 부서원들이 그 일을 맡을 가능성이 가장 높다. 그런데 이렇게 맡길 만한 내부 인력이 없다면 어떻게 해야 할까? 어쩔 수 없이 외부 전문가를 영입해야 한다. 외부 전문가를 새롭게 채용한다는 것은 쉬운 의사 결정이 아니지만 가장 확실한 DX의 성공 조건이 된다. 외부 전문가란 IT 환경에 대한 기본 이해가 있고 DX의 기반 기술이 되는 AI, 빅데이터, 클라우드, IoT 등을 활용한 프로젝트 수행 경험이 있는 인원이다. 물론 해당 분야의 경력 기간도 최소 10년 이상이다.

우리나라 중견 이상의 기업들은 리더급 책임자를 순환보직 형태로 운영하며 다양한 업무 경험을 쌓게 한다. A라는 사업을 책임지다 필요에 따라 B라는 사업을 총괄하게 한다. 이런 회사라면 DX 조직의 책임자 자리에도 기존 조직에서 성과를 낸 리더를 임명할 가능성이 높다. 인사권자 입장에서 보면 다음 세대의 경영진 성장도 필요하고, 지금까지 여러 조직을 맡으면서 보여왔던 성과도 나쁘지 않았기 때문에 DX의 중책도 훌륭히 수행할 것으로 믿는다. 하지만 DX 리더로 선발하기에는 전문성 부족이라는 한계가 분명하다. 이를 극복하기 위해 또 다른 경우로는 전문가를 영입하기도 한다. IT 회사 근무 경력을 보고서 전문가를 데리고 오는 것이다. 이때는 직접적인 개발 경험이 있는지 등을 꼼꼼히 확인하는 것이 중요하다. 그런데 오프 사업의 포트폴리오를 가진 회사일수록 IT 인력에 대한 특징을 잘 몰라, 프로젝트 경험보다는 IT 회사 출신이라는 이력만 보고서 부적합한 사람을 데리고 오는 실수를 하기도 한다.

DX는 아주 빠르게 변화하는 분야이다. 특히 DX의 기반이 되는 기술 변화는 IT 분야 중에서도 상당히 빠른 편에 해당한다. 이런 환경에 대한 이해나 유사 경험이 없는 책임자에게 DX를 맡긴다면 어떤 일이 일어나는 걸까? 하나씩 살펴보자.

첫 번째로 DX 실무자가 DX 책임자보다 높은 기술 역량을 갖고 있는 경우이다. 즉, DX 책임자가 비전문가인 경우다. 이 경우 실무자는 책임자를 이해시키고 설득하기 위해 책임자를 가르치는 교육에 집중할 수밖에 없다. 문제는 실무자가 책임자를 설득시키는 과정에서 중요한 실행 타이밍을 놓치는 일이다. 책임자인 리더가 학습 의지가 있고 자신이 무엇을 모르는지 정확히 알고 있다면, 그나마 상황은 좋은 편이 된다. 하지만 많은 경우 리더는 실무자에게 엉뚱한 피드백을 늘어놓기가 일쑤이고, 이러한 피드백은 결국 DX 방향을 오리무중에 빠트리게 한다.

두 번째로는 DX 책임자는 물론이고 실무자도 전문 역량이 없는 경우이다. 이 경우 어느 누구도 주도성을 발휘하기 어렵다. 그래서 시간과 비용만 계속해서 쓰다 결과적으로 아무것도 진행이 안 되는 경우가 발생한다. 이경우에는 컨설팅 회사와 같은 외부 전문가의 도움을 받는 것이 현실적으로 더 낫다. 다만 기업 내부로는 고유 자산이 쌓이지 않는 케이스가 되기 때문에 지속 가능한 DX라고 하기에는 한계가 있다.

마지막으로 두 개의 조직이 생기는 경우이다. 회사 내부에 IT 전담 부서가 이미 있는 경우라 할 수 있다. 이런 케이스는 IT 조직이 DX 프로젝트에 미온적 태도를 보이거나 담당 임원들끼리 경쟁이 붙기도 한다. 이런 경우 신설된 DX 조직의 책임자는 복잡한 조직 상황에서 무엇인가 해보려고 하다가 결과적으로 아무것도 하지 못하거나 기존 IT 조직과 유사한 과제를 발굴하는 정도의 일만 하게 된다. 결국 DX의 차별성은 떨어지고 DX는 실패로 끝이 난다.

　DX는 IT 분야에서도 변화 속도가 상당히 빠른 일에 속한다. 그래서 DX를 책임질 리더는 이런 변화에 익숙한 인물이어야 한다. 그래서 가능하다면 외부에서 검증된 전문가를 채용하는 것이 상책이다. 하지만 외부 채용만이 또 능사는 아니다. 기존 조직과의 융화라는 측면에서 협업의 시간도 필요하다. 그래서 IT 환경 변화를 즐기고, IT 학습 역량을 갖춘 인원을 실무자급에서 발탁하고 그에게 리더(책임자)의 역할을 맡기는 것이 가장 적절하다. 이 경우 경영진의 서포트만 잘 이뤄진다면 충분히 괜찮은 DX 결과가 나올 수 있다.

　정리하면 DX의 전문성은 실무자이든 책임자이든 어느 한쪽에는 반드시 있어야 한다. 만일 여러분 회사에서 DX 조직을 새롭게 만들고자 한다면 위의 몇 가지 케이스를 충분히 경영진에게 설명하고 안으로든, 밖으로든 전문가의 필요성을 역설해야 한다. 그것만이 DX 실행을 성공적으로 이끌 수 있는 길이다. 경영진도 이 사실을 반드시 기억해야 한다.

13. DX 인재를 확보하는 또 다른 방법

디지털 DNA가 없는 회사라면 DX 조직을 꾸릴 때 이미 디지털에 익숙한 회사를 M&A하여 단기간에 역량을 높이는 방법이 있다. 보통 탤런트 애퀴지션(Talent Acquisition)이라고 불리는 이러한 인수합병은 기업의 재무적 이익이라든지 사업적 시너지를 위한 인수 합병이 아니라 오직 유능한 인재를 흡수하여 역량을 강화하기 위한 용도로 활용되는 방법이다. 그러나 이러한 선택을 할 수 있는 기업이 국내에는 거의 없다. 하지만 미국의 빅테크 기업을 중심으로는 이러한 인수합병이 상당히 많이 일어나고 있다.

그다음으로 고려해볼 수 있는 방법으로는 디지털 DNA를 이미 확보하고 있는 기업과 조인트 벤처를 만드는 것이다. 재무적인 투자를 기반으로 조인트 벤처를 만들게 되면 회사 내부로 DX 인재를 확보하는 것은 아니지만 전문 역량을 가진 인재들과 지속적이 파트너십이 가능하다는 장점이 있다. 또한 사업의 연속성을 확보할 수 있고 상대방 회사나 조인트 벤처의 성장에 따라 재무적 이익도 거둘 수 있다. 꼭 재무적 이익 때문이 아니더라도 DX를 실행할 내부 인력이 없어 상당한 규모의 비용이 투자될 수밖에 없는 상황이라면 충분히 해볼 수 있는 방법이다. 이 역시도 글로벌 유명 기업들로부터 사례를 찾을 수 있으며, 최근 국내 기업에서도 이러한 시도가 일어나고 있다.

앞서 소개한 두 가지 방법은 우리나라에서는 아직 사례가 많지 않다. 일부 유명 IT기업을 제외하고는 거의 찾기 어려운 사례이다. 보통의 경우 인재 스카우트만 생각하지 인재를 확보하기 위해 회사 전체를 인수한다는 생각을 하지는 않는다. 우리나라의 경우 네이버가 검색 엔진 개발을 위해 2006년 첫눈을 인수한 사례가 대외적으로 많이 알려진 인재 확보를 위한 M&A였다. 카카오 또한 인재 확보를 위해 여러 스타트업을 M&A 하였고, 실제로 이들이 지금의 카카오 성장에 많은 보탬이 되고 있다. 하지만 IT 기업이 아닌 일반 전통 기업에서는 그러한 사례를 찾아보기가 힘들다. 조인트 벤처도 마찬가지다. 대부분의 경영진은 경영권이 상당히 중요하고, 많은 경우 자신의 통제 범위 안에 새로운 투자 회사를 두고 싶어 한다. 그래서 단순히 인력 보충을 위해 별도의 조인트 벤처를 경영권 없는 상태로 만들기는 꺼려한다. LG CNS와 클라우드 사업자인 메가존이 조인트 벤처인 클라우드 그램을 만든 사례가 언론으로 소개되긴 했지만, 전통 기업들의 IT 인력 확보를 위한 조인트 벤처 사례는 아직까지 찾아보기 어렵다.

그렇다면 어떤 방법으로 조직을 꾸려나가는 것이 정답일까? 이미 우리는 앞에서 정답을 살펴보았다. 경영진의 강력한 실행 의지와 투자를 바탕으로 DX 전담 조직을 새롭게 만들고, 이를 이끌 책임자로 DX 경험이 있는 인원을 채용하면 된다. 한마디로 얘기해 DX 조직의 리더에게 전권을 주고 조직원의 구성과 채용에까지 힘을 실어주는 것이다. 다른 분야와 달리 IT 분야는 혼자서 결과물을 만들어 낼 수 없는 구조적 특징을 가지고 있다. 이러한 특징 때문에 특정 기술을 선도하여 전문가로 인정받는 '구루(Guru)'라고 불리는 이들이 있다. 이들은 동일 직군의 커뮤니티 안에서 인플루언서(Influencer)로 활동한다. 이러한 후보자를 DX 리더로 채용하게 되면 그 사람과 같이 일하기 위해 입사를 희망하는 인원이 생겨난다. 이는 IT 업의 독특한 채용 문화이기도 하다. 좋은 리더, 구루 한 사람만 잘 뽑아도 인력 구성을 하는 데 있어 상당한 도움을 얻을 수 있는 것이다. 물론 조직 규모가 큰 기업의 경우, 이런 인력들이 사내 기준과 비교할 때 적합하지 않은 경우도 있다. 그러나 DX 리더를 뽑을 때 가장 중요하게 봐야 할 것은 DX를 실제 실행하고 결과를 보여줄 수 있는 인력인가 아닌가 하는 점이다. 그래서 기존의 보던 인재 조건과는 다른 관점에서 인력을 채용하는 것이 중요하다.

다음으로 소개할 채용 방안은 팀 단위 채용을 진행하는 방법이다. 반복하는 얘기지만 IT 업종의 특성상 혼자 과제를 진행할 수가 없다. 눈에 보이지 않지만 서로 손발을 맞춘다는 표현처럼 협업을 위해서는 상당 기간이 소요되고 구성원 간 신뢰를 쌓는 시간도 필요하다. SI 프로젝트처럼 한정된 기간을 두고 결과물을 향해 달리는 것도 방법이지만 지속성을 담보할 수 없기 때문에 팀 단위 채용을 통해 지속성을 확보하는 것이 중요하다. DX 조직의 리더가 자신들의 크루를 데려올 정도로 팀 빌딩이 가능한 정도면 상관없겠지만 그렇지 않다면 공개 채용을 통해서 인력을 수급해야 한다. 이때는 리더에게 채용에 대한 권한을 부여하고 직접 인력을 선발할 수 있도록 해주는 것이 좋다.

이상의 방식으로 리더(그루) 중심의 채용을 할 때는 좋은 점도 있지만 반대로 주의해야 할 점도 있다. 그것은 이들이 한꺼번에 퇴사를 한다고 할 때다. 사실, 해외의 경우 이러한 리스크를 없애기 위해 기술력을 가진 회사를 M&A 하는 방식을 많이 이용한다. 그렇지 못할 경우 보상을 철저히 해주는 방법도 있다. 그리고 보상 말고는 의무적인 근무 기간을 설정하고 선불식으로 일시금을 먼저 주는 방식으로 근무 계약을 체결하는 방법도 있다. 이를 리텐션 보너스(Retention Bonus)라고 한다.

　M&A를 통해서든 일반 채용을 통해서든 기존 기업의 문화와 전혀 다른 경험을 한 IT 인력을 채용해서 DX 프로젝트를 성공시키기 위해서는 평균 3년 정도의 시간이 필요하다. 이 시간 동안은 이들과 동고동락하는 시간이라 생각하고, 이들이 딴마음을 품지 않도록 계속해서 신경을 쓰고 관심을 기울여야 한다.

14. 아웃소싱으로 DX를 추진할 때 주의할 점

새로운 일은 해당 분야의 경력자 수혈이 기본이 되어야 한
다. 단순히 교육으로만 직무 전환을 하는 것에는 한계가 있
다. 그리고 아웃소싱을 한다고 하더라도 내재화는 필수로
생각해야 한다.

앞서 DX 조직을 어떤 목표와 성격을 가진 조직으로 하면
되고 리더는 어떻게 선발하면 되는지 알아보았다. 이제는
실무자 구성을 어떻게 하고 실행 과제는 어떻게 준비할 지
에 대해 알아보자. 본격적으로 DX를 실행하고자 할 때 대
부분의 기업들이 인력 수급의 문제를 겪을 가능성이 크다.
DX 실행을 위해서는 대표적인 기술인 인공지능, 빅데이터,
클라우드 더 나아가 사물 인터넷 분야에 익숙한 인력을 확
보해야 하는데, 안타깝게도 시장에는 이 분야를 다루는 전
문 인력이 너무나도 부족하다. 그리고 개발자 이외 다른 직
무 전문가도 필요하다. 예를 들어 전략 및 비즈니스 모델 수

립, 신규 서비스 기획을 위한 서비스 기획자, 그리고 UI/UX/GUI를 담당할 디자이너들도 필요하다. 회사별로 DX 실행 방향을 어떻게 잡느냐에 따라 필요한 인력 구성은 조금씩 다를 수밖에 없다.

DX를 회사의 중요한 전략으로 선언했다면 필요 역량을 갖춘 조직을 구성하는 것은 당연한 출발점이다. 그렇다면 어디에서 이런 인력을 찾을 수 있을까? 우선 가장 많이 선호되는 방법으로는 DX 조직을 새롭게 짜되 신규 채용이 아닌 기존 인력을 활용하는 방안이다. DX 프로젝트에 대한 경험이나 기술 배경을 갖추고 있는 건 아니지만 새로운 직무로의 전환 배치를 통해 조직을 꾸리는 방법이다. 경영진 입장에서는 기존 인력을 활용할 수 있기 때문에 가장 쉬운 선택지라 할 수 있다. 새로운 분야에 무경험자를 배치하는 것이긴 하지만 충분한 교육을 진행한다면 훌륭한 성과를 기대할 수도 있다. 그리고 기존 인력의 전환 배치를 통해 회사를 혁신함과 동시에 경영 효율을 추구한다고도 볼 수 있다. 그러나 결론부터 이야기하면 불가능한 방법은 아니지만 그만큼 절대적인 시간이 필요하고 그에 따른 손실이 발생할 수도 있다.

특정 분야의 직무 경험이 없는 인력들을 전환 배치하는 경우, 보통은 해당 기술을 습득할 수 있는 교육 프로그램을 운영하고 한두 개 정도의 프로젝트 경험을 거치도록 한다. 그런 다음 조직에 배치되어 새로운 업무를 시작한다. 그러나 유경험자가 단 한 명이라도 없다면, 전환 배치되는 인원들에게는 모든 과정이 새로운 경험이고 의도하지 않더라도 시행착오가 생길 수밖에 없다. 이는 DX 실행이 최소 1년에서 최대 3년 정도의 시간 낭비를 감수할 수밖에 없는 결정적인 원인이 된다. 다만 이 경우도 책임자급은 충분한 경험이 있는 경우에 해당되는 얘기고, 만약 조직 책임자부터 실무자까지 전원이 직무 전환을 통해 배치된 케이스라면 자신의 노력만으로 성공적인 DX를 한다는 것은 사실 불가능에 가깝다. 그래서 가능하다면 각 직무의 핵심 인원들이라도 외부 경력자 위주로 수혈을 해야 한다.

직무 전환 대상 인원들을 선발할 때에도 몇 가지 기준이 필요하다. 가장 중요하게 봐야 할 부분은 새로운 지식 습득에 대한 관심과 자기 계발에 대한 열정이다. DX는 다른 직무와 달리 한 번에 지식을 쌓고 이를 경험하면서 자신만의 노하우가 축적되어가는 분야가 아니기 때문에 변화를 바라보는 태도나 자세가 중요하다. 그런 다음 여기에 경험이 덧붙을 때 훌륭한 DX 인력이 될 가능성이 높아진다.

내부 발탁 다음으로 경영진이 선택할 수 있는 방법은 외부의 전문 기업을 아웃소싱하여 DX를 추진하는 방법이다.

이 경우 손쉽게 의사결정을 할 수 있고 속도도 빨리 낼 수 있다. 다만, 몇 가지 중요하게 고려해야 할 부분이 있다. 바로 DX의 목표가 기업의 지속적 성장이기 때문에 모든 영역을 외부 기업에만 맡겨서는 안 된다는 점이다. 예를 들어, 빅데이터 분석의 경우 세부 직무로 분석과 모델링을 담당하는 데이터 사이언티스트 그리고 이들을 도와 기존 시스템의 복잡한 데이터들을 전(前)처리하는 데이터 엔지니어, 분석 플랫폼을 개발하고 운영하는 인원들까지 무척 다양한 직무가 존재한다. 그런데, 이 같은 분석 업무 전체를 아웃소싱하게 되면 목표하는 결과물을 빨리 만들 수는 있지만 회사의 중요 역량으로 쌓고 나아가 분석 결과를 고도화하는 것은 불가능하다. 그래서 데이터 분석과 모델링을 담당하는 데이터 사이언티스트는 내부 인원으로 구성하는 것이 낫다. 즉, 도메인에 대한 지식과 데이터의 전문성은 기업 내부에 내재화하는 것이 중요하다는 뜻이다. 최소 한 명이라도 회사의 도메인을 이해하고, 해당 분야의 기술을 이해하는 인력이 있어야 다양한 리스크에 대응할 수 있고 내재화의 출발점이 된다. 그 외 분야의 경우라면 아웃소싱을 적극적으로 고려해볼 수 있다.

다른 직무도 마찬가지이다. 내부 리소스가 부족하여 아웃소싱을 활용하는 것과 해당 분야의 이해가 없어서 전체 과정을 아웃소싱하는 것은 분명 다른 접근법이고 결과 또한 다를 수밖에 없다. 아웃소싱으로 대부분의 업무를 진행한다고 하더라도 지속적 개선과 사업과 직결되는 중요 직무의 내재화는 필수적이다. 모바일 서비스로 새로운 비즈니스 모델을 만들고자 한다면, 앱을 기획하고 개발하는 인원은 중장기적으로 내부에 확보되어야 한다. 만일 이런 과정을 일회성의 SI 프로젝트팀에 위탁하여 실행한다면 당장 서비스는 만들 수 있겠지만 지속적 운영과 개선은 이루어지지 않으며, 결국에는 해당 서비스가 실패하게 될 가능성이 높아진다. 이는 SI 프로젝트 자체의 문제라기보다는 해당 사업의 목적성이 다르기 때문임을 명심해야 한다.

아웃소싱의 형태로 업무를 진행할 때 조금이라도 성공 확률을 높일 수 있는 방법은 없을까? 앞서 설명한 것처럼 DX 프로젝트는 기존의 SI 프로젝트와는 그 속성이 미묘하게 다르다. 한 번의 과제 실행으로 그 효과를 바로 확인하기도 어려울뿐더러 지속적인 시도와 개선이 뒤따라야 한다. 그래서 이 차이를 이해하고 아웃소싱 파트너와 협업 관계를 만들어 가는 것이 중요하다. 예를 들면, 계약을 하더라도 기존 SM(System Maintenance) 형태의 운영 계약이 아닌 내부 인원을 보완하는 형태의 운영 계약을 체결하는 것이 좋다. 즉, 전통적인 SI와 SM 계약이 아닌 외부 전문가들의 인력을 내부에 확보하는 계약이 필요하다는 이야기이다. 다만 이러한 계약은 인력을 수급하는 것에 불과한 것이지 당장의 프로젝트 범위와 일자를 확정하는 것은 아니다. 일을 주는 입장에서는 불명확하다는 리스크가 있지만 변화하는 목표를 쫓아가기 위해서는 오히려 이 방법이 성공 확률이 높다고 할 수 있다.

모바일 앱을 통한 비즈니스 모델 전환을 가정해보자. 최초의 아웃소싱 계약은 모바일 앱에 대한 기획, 개발에 집중될 것이다. 현업 담당자와 아웃소싱 파트너는 프로젝트 계약을 통해 상호 협의된 기간과 범위를 기준으로 모바일 앱을 시장에 출시한다. 이러한 진행이 기존 SI 형태의 아웃소싱 계약이다. 이후 모바일 앱에 대한 오류와 유지보수를 위한 최소 운영 계약도 체결하는데 이 부분이 바로 SM 형태의 계약이다. 이렇게 운영하다 일부 기능의 추가적인 개발이 필요하게 되면 새로운 SI 계약을 체결하고 앱을 개선하던 것이 지금까지의 일반적인 아웃소싱 계약 관행이었다. 그런데 이 같은 SM 계약을 DX 특성에 맞게 범위는 정하지 않고, 리소스를 확보하는 식으로만 계약을 맺는다. 그렇게 되면 확보된 인원들과 계속 협업하면서 모바일 앱에 대한 지속적 개선 과정을 거치면서 서비스는 점점 고도화 과정으로 발전해 갈 수 있다. 그동안은 기업들이 이러한 형태의 계약을 체결하지 못해 DX 과제를 시작했다가 그 끝이 흐지부지

되는 경우가 많았다.

마지막으로 당부하고자 하는 얘기는 이러한 계약을 체결했다 하더라도 SI 계약에 참여한 모든 인원을 그대로 잔류시키는 것은 현실적으로 어렵기 때문에 초기 개발 계약 체결 시 이러한 조건을 명시적으로 선언하고, 이 조건에 대해 SI 파트너가 충분히 인지하고 과제를 시작할 수 있도록 하는 것이다. 이때 최소 30% 정도의 인력은 운영 계약으로 잔류시켜 개발의 연속성을 확보하는 것이 중요하다. 더불어 DX를 수행하는 입장에서는 파트너에게 모든 과정을 맡겨두지 말고, 개발 과정에 같이 동거동락하면서 향후 자신들과 지속적으로 과제를 진행할 핵심 인원들을 미리 확인해두는 과정이 필요하다.

정리해보자. 지속 가능한 DX를 위해서는 기업 내부의 역량 내재화가 무엇보다 중요하다. 이를 위해서는 앞서 설명한 것처럼 최소 규모로라도 내부 인원을 확보하는 것이 중요하다. 만일 교육을 통한 직무 전환을 추진하는 경우라면 충분한 시간을 두고 기다려야 한다는 점을 잊지 말자. 아웃소싱을 활용하는 경우라면 기존과는 다른 형태의 협업 모델을 구축해야 한다. DX는 누군가가 대신해줄 수 없는 자신의 과제임을 이해하고, 지속적인 혁신의 도구가 되어야 한다는 점을 분명히 이해하자. DX 또한 사람이 하는 일이다. 내부에서 해결하든 외부의 도움을 받든 모든 과정의 중심에는 사람이 있다. 구성원들이 끊임없이 DX 실행의 필요성을 공감하고 기업 내부에 역량이 남을 수 있도록 많은 지원을 아끼지 않는 것이 핵심이다.

15. 기존의 IT 부서가 DX를 담당할 때 주의할 점

DX를 위해 어떤 사람들로 조직을 구성하면 좋을지를 알아보았다. 이제는 DX 조직 운영에 있어서 주의할 점을 살펴보자. DX 조직을 준비한다고 할 때 가장 많이 선택되는 방법이 사내에 이미 있는 IT 조직을 활용하는 것이라고 했다. 일정 규모 이상의 기업은 이미 ERP나 HR 등 기업용 엔터프라이즈 시스템을 도입하고 이를 운영하는 조직을 별도로 데리고 있다. 작은 기업의 경우에도 그 수준까지는 아니더라도 직원들의 OA 환경을 위한 IT 담당자 정도는 갖추고 있다. 그래서 DX를 기획하고 계획할 때 이런 인력들에게 DX 맡기는 것이 어찌 보면 아주 자연스럽다. 하지만 앞에서도 얘기했지만, 기존의 IT 부서가 DX 업무를 맡게 될 경우 성공 가능성은 매우 낮아진다. 물론 아주 적은 확률로 프로젝트를 성공으로 이끄는 경우도 있지만 대개의 경우에는 성공과는 거리가 먼 결과가 나온다. 가장 많은 기업들이 채택할 수 있는 방법이지만 가장 위험한 선택이 될 수도 있다. 그 이유는 무엇일까? 차근히 살펴보자.

우선 주력 사업이 IT 분야가 아닌 경우, IT 부서 인력이 많을 수가 없다. 적은 규모의 인원으로 기존의 내부 시스템 운영과 경우에 따라 새로운 개발 프로젝트를 담당해야 한다. 이들 조직은 기존 엔터프라이즈 시스템에 대한 안정적 운영이 무엇보다 중요한 성과지표이다. 그리고 내부 인력을 여유롭게 확보하고 있는 상태도 아니고 외부 협력사에 상당 부분을 위탁하여 시스템을 유지보수하고 있다. 이런 상황들로 인해 기존 IT 부서 구성원들은 주로 관리 역량을 요구받는다. 그래서 시장의 새로운 기술 변화를 스스로 개척하기보다는 기존 시스템의 안정적 운영에만 집중하는 경향성을 가지게 된다. 이는 기술적 관점에서 보수적 접근이 될 수밖에 없다. 스스로 문제를 정의하고 해결하려는 것보다는 주어진 환경과 주변의 여러 파트너들의 리소스를 활용해서 문제가 생기지 않게끔만 운영할 확률이 높다.

앞서 지속적인 DX를 위해서는 기업 내부 역량으로 내재화해야 한다고 강조하였다. 그렇기 때문에 DX 성공을 위해서는 IT 부서에 요구되는 관리 역량보다는 직접 문제를 정의하고, 내용을 리드할 수 있는 역량이 더 중요하다. IT 부서가 지금까지 일해오던 스타일대로 특정 사안에 대해 비용 절감을 중요하게 다루거나 안정적 운영에만 집중하게 된다면 DX의 속도는 뒤처질 수밖에 없다. 또한 지금까지 만들어 왔던 시스템과 내부 프로세스, 규정 때문에 DX처럼 불명확한 목표에 대해서 자꾸만 자기 검열을 하게 된다면 주도적인 실행 대신 자꾸 머뭇거리는 태도만 취하게 된다.

그렇다면 어떻게 해야 할까? 우선 정식으로 DX 조직을 꾸리기 전에 IT 조직을 활용해 파일럿 과제 몇 가지를 실행해 보는 방법이 있다. 디지털 도구를 도입하고 필요한 경우 몇 가지 빅데이터 또는 인공지능을 활용한 파일럿 과제를 해보고, 이를 통해 기존 주력 사업의 경쟁력을 높이거나 앞으로 추진하고자 하는 DX의 가능성까지도 확인해 보는 것이다. 단, 이 경우 파일럿 과제라는 것을 잊지 말고 투자 대비 효과보다는 DX 범주에 속하는 과제를 조직에 적용해보고 실행해봤다는 것에 의미 부여를 해야 한다. 이때 파일럿 과제의 결과에 만족하여 상용 단계로 확대 적용하고자 한다면 조직 분리는 꼭 고민하는 것이 좋다. 파일럿 과제는 경우에 따라 내부 인원을 한 명도 투입하지 않고 외부 파트너만으로도 결과를 만들 수 있다. 하지만 상용화로 진행한다는 의미는 사업에 주요하게 활용하겠다는 결정이다. 그래서 내부적으로 역량이 내재화될 수 있는 구조에 대한 고민이 선결되어야 한다.

그리고 파일럿 과제를 실행하면서도 가능하다면 엔터프라이즈 시스템을 담당하는 인력과 DX를 담당하는 인력을 구분하는 것이 좋다. 앞서 설명한 것처럼 서로가 상당히 이질적인 목표를 가질 수밖에 없기 때문에 성공 확률을 높이고 이후 전담 조직의 틀을 닦기 위해서라도 이러한 분리가 필요하다. IT 분야의 기술 변화 속도가 점점 빨라지고, 직무 또한 다양하게 세분화되면서 같은 개발자라 하더라도 역량과 세부 기술이 다른 경우를 자주 목격할 수 있다. 이러한 이해를 바탕으로 가능하다면 신규 조직을 만들고 그렇지 못할 경우 최소한의 임시적 조치라는 이해를 바탕으로 DX를 추진해야 한다. 더불어 경영적으로도 중요한 과제로 성장할 수 있기 때문에 CEO 직속으로 조직을 운영하는 등 인원의 규모를 떠나 조직의 배치를 고민하는 게 좋다.

여러 번 강조하지만 DX는 내재화가 필수이다. 그렇기 때문에 가능한 별도의 조직으로 시작하되 기존 IT 부서를 활용해야만 하는 경우라면 오늘 얘기한 것들을 반드시 주의 깊게 살피고 조직 구조를 결정해야 한다.

16. DX 실무팀, IT 업계 기준으로 대우해야

미국의 유명 구인/구직 서비스인 글래스도어에서 발표한 2020년 유망 직업 50선 중 상위 10위권에 해당하는 직업들 대부분은 IT 분야 직업들이다. 연봉과 직업에 대한 만족도, 취업률 등을 기준으로 선정했는데 1위에는 프런트 엔드 엔지니어, 2위 JAVA 개발자, 3위 데이터 사이언티스트(AI 모델 개발자), 4위 제품 매니저, 5위 DevOps 엔지니어, 6위 데이터 엔지니어, 7위 소프트웨어 엔지니어로 모두 IT분야의 직업군이다. 사실 이들은 DX 실행을 위해 필수로 확보되어야 하는 인력들이다. 국내 상황도 크게 다르지 않다. 최근 국내 유명 IT 기업들이라 할 수 있는 네이버, 카카오, 배달의 민족, 쿠팡, 토스 등에서 벌어지고 있는 IT 인력 확보는 전쟁을 방불케 할 정도로 치열하다. 업계 최고 대우는 물론이고 큰 규모의 사이닝 보너스(Signing Bonus, 근무 계약 체결과 동시에 미리 주는 인센티브) 그 외 다양한 복지 혜택과 스톡옵션 등으로 A

급 개발자를 모시기 위한 경쟁을 치열하게 벌이고 있다. 이러한 인력 유치 경쟁은 갈수록 심화되고 있다.

IT 업계의 구인구직 상황을 길게 설명한 이유는 바로 DX를 위한 인력들이 위 직군에 속해 있고, 유명기업들과 인력 유치 경쟁을 같이 해야 하기 때문이다. IT 기업이 아닌 입장에서 DX를 실행하고자 조직을 꾸릴 때 내부적으로 이슈가 되는 첫 번째 사항이 바로 새롭게 영입되는 인력들에 대한 처우 문제이다. 이는 대기업뿐만 아니라 중소, 중견 기업 모두에게 해당되는 일이다. 작은 규모의 스타트업이라면 개인별 역량에 따라 대표 이사와 협상하여 결정할 수 있는 유연성이 있지만, 규모가 있는 기업의 경우라면 직무 차이에 따라 다른 처우를 한다는 것이 아무래도 한계가 있을 수밖에 없다. 하지만 결론부터 이야기하면 DX 담당 인력들은 회사의 기존 처우는 물론이고 이들이 속해있던 IT 업계와도 처우 기준을 맞추는 것이 중요하다. 그래야 조직의 연속성을 담보할 수 있다.

평균적인 처우를 시장 기준에서 맞춰야 한다는 것 이외에도 신규 인력을 채용할 때 고민해야 할 것이 하나 더 있다. IT 분야에서는 A급 인재와 C급 인재가 보여주는 생산성 차이는 두 배 이상이다. 그렇기 때문에 가능하다면 A급 인재 한명을 비싼 연봉을 제시하고서라도 입사시키는 것이 C급 인재 두 명을 채용하는 것보다 낫다. 물론 조직 규모가 점점 커지면 모든 인력들을 A급 인재로 유지하는 게 현실적으로는 어렵다. 다만, 조직을 새롭게 만드는 초창기에는 이러한 기조를 유지하는 것이 좋다. 그리고 한 가지 더 덧붙이자면, 미국의 구글, 넷플릭스, 아마존과 같은 회사들의 공통점은 바로 내 옆에 같이 일하는 동료가 A급 인재들이고 이들과 같이 일하고 싶고 경쟁하고 싶어서 우수 인재들이 해당 기업에 취업하려 한다는 점이다. 이 부분 또한 회사에 대한 로열티를 높이는 중요한 요소로 작동될 수 있다.

채용 면접을 진행할 때 인력에 대한 역량 평가를 경영자나 면접관의 짧은 면접 시간만으로 정확하게 판단하기는 어렵다. 그러나 IT 직종에 있는 인원들은 상대적으로 레퍼런스 확인이 용이하고 자신이 만든 앱이나 서비스, 데이터 모델링들을 직접 챙겨볼 수 있어 비교적 평가하기가 수월하다. 그리고 레퍼런스 체크를 할 때 한 명으로부터만 체크를 받는 게 아니라 두세 명 이상의 외부 인원으로부터 체크를 받을 수 있다.

최근 IT 업계의 인력 유치 경쟁이 과열되면서 프로젝트 수행 중간에 다른 직장으로 더 많은 연봉을 받으면서 이직하는 현상을 어렵지 않게 볼 수 있다. 기존에 받던 연봉에서 두 배를 받으며 이직하는 모습도 심심찮게 목격된다. 모든 인력들이 단순히 연봉 때문에 이직을 결정하지는 않는다. 하지만 경영진이나 임원들이 꼭 알아 두어야 할 사항은 많은 실무자들이 생각보다 많은 곳으로부터 이직 제안을 받고 있다는 사실이다. IT가 주력이 아닌 기업의 경우, 어렵사리 구한 인력이 유출될 때 타격이 클 수밖에 없다. DX는 단기 상황 안에서는 조직력으로 진행된다기보다는 일종의 개인 역량에 좌우될 가능성이 크기 때문에 이점을 간과하지 말아야 한다.

17. 엔드-투-엔드 완결형 조직으로 독립성 확보

DX를 전담할 조직을 꾸리고 실무 담당자까지 배치했다. 이제, 그다음은 조직 형태를 고민해야 한다. 인원이 8명 이내라면 특별한 고민 없이 하나의 팀으로 구성하면 된다. 하지만 8명이 넘어가거나, 서로 다른 직무의 인원들이 3~4명씩 있는 경우라면 좀 더 많은 고민이 필요하다. 세부 조직을 어떻게 구성할지에 따라 DX 실행 속도는 많은 영향을 받는다.

구성원이 30명만 넘어가더라도 경영진은 조직 형태를 어떻게 갖고 갈지 고민한다. 대부분의 기업들은 조직을 크게 두 가지 형태로 구분한다. 하나는 직무를 중심으로 하는 조직이다. 예를 들어 개발팀, 기획팀, 디자인팀처럼 동일 직무를 하는 인원을 하나의 팀으로 묶는 것이다. 특히 IT의 경우 주변 동료들과 함께 업무를 하면서 배우고 성장하는 요소도 많아서 특히 선호되는 방법이다. 직무 조직이 되면 일단 직원들의 안정감을 높일 수 있고, 직원들의 역량 향상에도 도움을 준다. 또 다른 형태의 조직은 프로젝트 또는 사업 단위로 팀을 꾸리는 것이다. 직무별 구분이 아니라 공동의 목표를 가진 프로젝트나 사업을 위해 서로 다른 직무를 가진 인원들이 하나의 팀이 되는 것이다. 이런 조직 운영은 공동의 목표가 명확하기 때문에 빠른 실행력이 큰 장점이 된다. 대신 팀의 리더가 모든 직무에 대한 이해를 갖고 있어야 한다. 그리고 구성원들은 자신들과 비슷한 직무의 인원들과 함께 하는 것이 아니기 때문에 소속감을 가지지 못하고, 개인의 발전이 뒤처지는 것이 아닌지에 대한 불안감을 가질 수 있다.

그렇다면 DX에는 어떠한 조직 형태가 적합할까? DX를 담당할 대규모 조직을 꾸릴 수 있는 대기업이 아닌 이상 목적 중심의 단일 팀 구성을 추천한다. 즉, 팀 내에서 DX 실행을 처음부터 끝까지 책임질 수 있는 엔드-투-엔드(End-to-End) 방식으로 조직을 운영하라는 뜻이다. 아주 당연한 이야기로 들리겠지만, 초기에는 명확한 실행 목표와 한정된 기간을 바탕으로 일사분란하게 움직일 필요가 있다. 그래서 업무의 시작과 끝을 책임질 수 있는 구조의 조직이 좋다. 그렇다고 IT 인력만으로 조직을 짜라는 이야기는 아니다. 기존의 주력 사업을 대상으로 하는 DX를 계획한다면 그 쪽의 핵심 인력도 DX 조직에 새롭게 합류시켜야 한다. 예를 들어, 스타벅스에서는 사이렌 오더와 같은 모바일 경험을 제공하는 신사업을 추진할 때, IT 인력에 해당하는 서비스 기획자와 개발자 및 디자이너도 있었지만 유통 조직에 속해 있던 인력들도 신생 조직으로 전환 배치 되었다. 즉, 진정한 의미의 엔드-투-엔드 조직을 구성해주고, 조직에서 허용 가능한 범위 안에서 인력을 차출하고 운용할 수 있어야 한다. 이는 다르게 생각해보면 별도의 스타트업 또는 사내 벤처를 운영하는 것과도 비슷하다. 이때, 타스크(Task) 또는 프로젝트팀 형태의 가상 조직을 만들어 실행해도 되지 않을까 생각 할 수 있지만, 실제 DX를 실행하는 과정은 하나의 스타트업을 성공시키는 것처럼 수많은 의사결정의 연속일 수밖에 없다. 그래서 좀 더 분명한 조직의 목표와 결재 라인을 갖는 게 중요하다. 단순히 원소속이 있는 상태에서 잠시 적을 두듯 자리를 옮겨와서는 원하는 수준의 DX 결과를 만들기 어렵다.

엔드-투-엔드의 완결형 조직를 구성하기로 정했다면, 그 다음은 조직을 운영하는 기본적인 원칙을 수립해야 한다. 해당 조직의 책임자에게 최대한의 권한과 책임을 부여하는 것은 기본이고, 완결형 조직을 구성하는 개개인에게 새로운 팀원으로써 가져야 할 태도나 철학도 조기에 확립해야 한다. 이를 위해 다음과 같은 HR적인 제도를 제안하고 싶다.

우선 3년 동안은 해당 조직의 평가 방식을 상대평가가 아닌 절대평가로 하기를 권장한다. 상대평가도 장점이 많겠지만, DX 조직처럼 방향성이 명확한 경우 구성원들 간의 공동 목표 의식을 부여하는 것이 중요하다. 자신의 업무에 최선을 다하면 좋은 평가를 받을 수 있다는 메시지를 주는 방식이다. 절대평가 방식을 도입하면 각 개인 간의 경쟁이 아닌 조직의 공동 목표를 향해 모든 업무가 집중되는 효과를 볼 수 있다.

　여러 직무를 가진 구성원들이 하나의 조직 안에 있다 보면 내부적으로 발언권이 커지게 되는 직무가 나타나기 마련이다. 이는 회사마다 또는 조직 책임자의 성향에 따라 달라질 수 있다. 개발자가 개발에 집중하는 것이 아니라 기획과 사업에 대한 다양한 의견을 쏟아낸다든지, 디자이너가 개발자의 의견을 무시하고 디자인 방향을 잡는 식의 현상이 생길 수 있다는 것을 말한다. 이러한 시행착오를 줄이기 위해서는 조직을 꾸릴 때부터 직무별 역할과 책임을 명확하게 선포하고, 이를 서로 간에 인정하게끔 해야 한다. 즉, 최고의 전문가들이 모인 만큼 서로의 실력을 인정해주고 믿는 문화를 만드는 것이 중요하다. 그리고 당연한 얘기겠지만 각 직무 담당자가 해당 직무를 실행하는 데 필요한 의사 결정은 직접 나서서 한다는 공감대가 있어야 한다.

마지막으로 DX 조직을 지원할 지원 조직에 대한 얘기다. 예를 들어 법무, 재무, 회계 등 다양한 업무 지원이 필요하다. 이때 이들 지원 조직을 기존 프로세스에 따라 실행하도록 두게 되면 담당자가 자주 바뀌거나 IT에 대한 이해가 전혀 없는 사람이 DX 프로젝트를 일종의 내부의 관리 규정으로 좌지우지하려고 드는 경우가 있다. 이러한 비효율적 진행을 방지하기 위해서도 경영진은 지원 조직에 있어 별도의 DX 전담 인원을 배치해주는 주는 것이 좋다.

앞서 이야기한 몇 가지 방향은 전통적인 인사관리의 틀에서 본다면 상당히 거북할 수가 있다. 그러나 DX라는 것 자체가 기존의 틀을 깨면서 새로운 효율성을 창출하는 일인만큼 기존 구성원들에게 이 점을 잘 설명하고, 두 조직(기존 조직과 DX 조직) 모두가 서로를 잘 이해할 수 있는 사내 분위기를 만드는 것이 중요하다.

TRANSFORMAT
TRANSFORMAT
TRANSFORMAT
ORMAT
RMAT
MAT
FORMAT
ORMAT
MAT
MAT

3부

DX 운영과
관리

18. DX 성공, CEO의 입에 달려 있어

많은 신생 조직들이 겪는 공통의 과정이 있다. 처음에는 경영진의 관심도 크고 많은 지원이 뒤따르기 때문에 주변의 다른 조직들도 관심과 지원을 보낸다. 그런데 실제 실행 단계로 접어들 때쯤이면 주변 조직으로부터 협력을 받지 못하는 일이 발생한다. 조직간 이해관계나 정치 논리로 인해 제대로 된 정보 취득의 어려움을 겪고 프로젝트 진행에 문제가 생기는 것이다. 그 결과 신생 조직은 자신들이 만들어낸 결과물에 스스로 만족하지 못하고 자연스럽게 해체로 이어지거나 기존 조직으로 흡수되는 상황을 맞이한다.

이런 문제는 DX 조직도 예외는 아니다. 기존의 IT 조직을 기반으로 소수 인원으로 시작한 경우가 아니라 별도로 구성한 경우라면 더더욱 이러한 전철을 밟을 확률은 높아진다. 이들은 기존의 다른 업무가 아닌 오직 DX 실행만이 자신들의 성과가 되는 숙명을 가지고 있다. 만들 때 이미 추진 과제가 명확하다면 시작이 다르겠지만 조직을 만든 후에 회사의 DX 방향을 구체적으로 정립하는 경우라면 과제 탐색 시간이 필수적일 수밖에 없다. 그런데 문제는 이 과정에서 일어난다.

앞에서도 얘기한 것처럼 신생 조직은 회사에서 지금까지 만들어 온 성과와 결과물, 조직의 문화적 특성, 그리고 정치 이슈까지 모든 걸 완벽하게 이해할 수 없다. 앞서도 이런 점 때문에 가능하면 관련된 모든 인원을 하나의 조직으로 구성하는 것이 좋다고 했다. 어떤 형태로든 신생 조직이 정보 접근의 한계를 겪게 되면 풀어야 할 본래의 문제는 근처에도 가보지 못하고 주변부만 두드리다 끝이 난다. 예를 들어, 기존의 온프레미스(On-premise, 클라우드가 아닌 기업 자체적으로 전산실 같은 것을 두고 그곳에 서버를 두고 운영) 방식으로 서버를 운영하다가 퍼블릭 클라우드 환경으로 전환해야 한다고 DX 조직에서 주장을 하게 되면 백이면 백, 기존 IT 조직을 비롯한 사업부 조직은 상당한 거부감을 느낀다. 그리고 자신들의 업무 영역을 DX 조직이 침범했다고 생각한다. 기존의 IT 조직은 회사 상황 때문에 DX에 대한 준비를 하지 못한 것일 수 있다. 그런데 마치 자신들을 대신해서 DX 조직을 새롭게 만들었다고 생각한다. 그러면 기존 조직은 겉으로는 협력하는 것 같지만 실상은 자신들의 영역을 빼앗기지 않으려고 강한 거부 반응을 보인다. 자신들이 관리하던 업무였는데, 이에 대해 공개를 한다는 것은 혹시 모를 치부를 들추는 것으로 오해하기도 하고 강한 불안감에 휩싸인다. 결국 이런 분위기가 지속되면 실무에서의 협업은 아주 더딘 속도로만 진행된다. 데이터를 열어 주고 정보 접근 권한 부여에 뜸을 두는 등 각 부서들은 자신들이 쓸 수 있는 권한 안에서 최대한 비협조적으로 나올 가능성이 높다. 기존 조직 입장에서는 자신들의 영역을 지키기 위해 몸부림치는 것일 수도 있고 당연한 저항일 수도 있다.

이러한 상황을 어떻게 해결하면 좋을까? 우선 DX 추진의 스폰서가 되는 경영진 또는 의사결정권자가 기존 조직의 불편한 마음을 인지해야 한다. IT 조직과 현업 부서가 지금까지 일을 잘못한 것이 아니라 시대의 변화에 맞춰 회사가 성장하기 위한 것이라는 점을 분명히 해야한다. 그리고 앞으로 진행될 중요 과제의 핵심 참여자로 새로운 역할을 해줄 것을 당부해야 한다. 그래서 신규 조직이 자신들의 문제를 도와주는 존재임을 명확히 알게끔 하고 DX 조직에서 데이터 접근을 통해 얻어진 각종 정보들은 결과적으로 현업 부서의 문제를 해결을 할 수 있다는 기대감을 주는 것이 중요하다.

만약 DX 실행 초기 이러한 감정적 분위기를 통제하지 못하면 협업을 통해 시너지를 내야 하는 조직들은 서로 반목이 깊어질 수밖에 없다. 그래서 최고 경영자는 명시적으로 DX 과제는 CEO의 실행 과제이며, 진행과 책임은 신생 조직인 DX 조직이 담당한다는 것을 명확히 선언할 필요가 있다. 그리고 여러 의사결정 과정에 있어 의도적으로 DX 책임자를 불러 의견을 청취하고, 이를 기반으로 의사 결정하는 모습을 보여주는 것이 중요하다. 기존 사업 조직 입장에서도 그동안 구축한 IT 시스템이나 데이터가 자신들의 소유가 아니라 회사의 자산임을 정확히 이해하고, 이를 활용하여 회사의 지속적 성장을 이뤄내는 것이 중요하다는 것을 정확히 인식해야 한다. 여기에 덧붙여 최고 경영자는 DX 조직이 초기 과제를 명확하게 설정하기 전까지 과할 정도의 관심과 진행 경과에 대한 보고를 정기적으로 받을 필요가 있다. 최고 의사결정권자가 DX를 같이 실행한다는 느낌을 전체 조직에 주기 위해서다.

정부의 신임 장관이 어려운 과정을 통해 선정된 일화를 들었던 적이 있다. 신임 장관은 대통령의 의지에 따라 어려운 과정을 거쳐 선정되었지만 해당 부처원들뿐만 아니라 정부의 다른 부처 장관들에게도 크게 환영받지 못했다. 이때 대통령이 진행한 일이 바로 국무회의를 끝내고 모두가 있는 자리에서 신임 장관만 따로 불러 독대를 하는 것이었다. 특별히 할 이야기가 있었던 것이 아니라 신임 장관과 독대하는 모습만 보여주기 위한 것이었다. 그런데, 이런 자리가 계속 반복되다 보니, 신임 장관이 추진하고자 하는 여러 정책들에도 힘이 더해졌고, 내외부의 협조도 자연스레 일어났다.

이처럼, 의사결정권자가 관심이 많고 회사의 중요한 과제로 인식하고 있으며 필요한 만큼의 강력한 권한을 부여하고 있다는 것을 조직 전체로 충분히 알릴 때 DX 성공 확률은 조금이라도 높아진다.

19. 정기 보고 횟수를 줄이고 대시 보드를 이용

DX를 디지털 역량을 기반으로 한 사업 혁신 과정이라 했다. 그리고 가장 빠르게 시도해볼 수 있는 것이 디지털 환경을 만드는 것이라고 했다. 이때 디지털 환경은 디지털 도구 도입으로만 끝나지 않고, 실제 업무로까지 변환되어야 기업의 DX 역량으로 쌓이게 된다. 그래서 경영진부터 실무자들이 올려주는 모든 데이터를 확인하고 이를 근거로 의사 결정을 하고 내부 이해관계자들을 설득하는 것이 중요하다. 실무 차원의 디지털 환경 구축 사례는 여러 가지가 있겠지만 이번 글에서는 경영진을 대상으로 하는 보고(報告)에 대해 잠시 이야기해 보고자 한다.

우리나라 사무직군에 있는 종사자들은 매일 무수히 많은 보고서를 작성한다. 경우에 따라 임원 또는 경영진에게 보고하는 일도 아주 빈번하다. 보고를 위해 일한다고 해도 과언이 아닐 정도다. 이러한 보고 문화는 보고 대상이 고위층

이 될수록 준비부터 발표까지 상당히 복잡해지고 많은 시간을 소요한다. 스타트업의 경우 대표와 실무자가 별도의 보고 자료가 아닌 실제 개발 화면이나 운영 지표를 놓고 바로 토론하고 의사 결정을 하기도 하지만 조직 규모가 커지고 업무의 복잡도가 높아질수록 회의와 토론을 통해서만 의사 결정을 하기가 쉽지만은 않게 된다. 그리고 큰 조직일수록 경영진들은 핵심만 이해하기를 원한다.

일례로 현대카드의 경우 대표이사가 PPT 제로를 선언하고, 보고서 기반의 보고 형식을 아예 없애 버린 일화가 유명하다. 많은 미디어에서 이러한 시도를 혁신 사례로 소개하고 있지만 본질은 보고 문화의 개선이라기보다는 사업에 집중하라는 뜻을 담고 있다. 즉, 사업 고민을 하는 시간을 보고서 꾸미는 것으로 허비하지 말라는 뜻이다. 외국 기업들 중에서도 파워포인트 중심의 보고가 아니라 일종의 스토리텔링을 중시하는 곳들이 많다. 아마존의 경우, 새로운 서비스를 만들기 전에 원페이지 가상 보도 자료를 작성하게 하고 이를 가지고 토론하는 문화가 있다. 이 또한 사업을 어떻게 할 것인지, 고객 관점에서 우리 사업이 어떤 장점이 있을지, 그 내용을 만드는 데에만 집중하자는 뜻이다.

이런 맥락에서 DX를 책임지는 임원이나 경영진은 보고와 회의 문화를 지금까지와는 좀 다르게 해볼 필요가 있다.

기존에 정기적으로 보고 받는 문화가 있다면 횟수를 줄이고 실시간 현황을 담은 대시 보드를 두고서 비정기적으로 확인하거나 보고를 받아 보는 것이다. 즉, 현업에서 쓰고 있는 디지털 도구를 직접 화면에 띄워 놓고 바로 토론해보는 방법이다. 통상 DX 담당자들은 IT 업종에서 일하던 방식이 익숙하기 때문에 별도의 문서 작성보다는 위키와 같은 협업 문서에 기록하는 걸 편안해한다. 경영진도 이에 발맞춰 움직여 준다면 문서 작성에서부터 보고 일정을 잡는 시간, 대기하는 시간까지 많은 것을 절약할 수 있다. 이외에도 구글 워크스페이스, 슬랙, 마이크로소프트 팀즈와 같은 협업 및 커뮤니케이션 도구로 대부분의 업무를 진행하는 경우라면 이들 채널을 그대로 이용해도 좋다.

만일 모바일 서비스를 출시하였거나 IT 시스템을 도입하여 운영하는 경우라면 실무 인력들이 활용하는 대시보드가 존재할 것이다. 이들 대시보드에는 해당 서비스나 사업에서 중요하게 생각하는 지표가 한눈에 들어올 수 있도록 구성되어 있다. 그리고 필요한 경우 하위 레벨로 들어가 구체적인 데이터와 현재 상태까지도 확인할 수 있다. 퍼블릭 클라우드 상의 서버 운영 같은 것이 될 수도 있고, 주력 사업의 매출이나 중요 지표 등이 될 수도 있다. 이러한 대시보드를 경영진이 솔선수범하여 활용하면 DX와 관련된 모든 활동은 물론이고 다른 조직과의 협업, 핵심 지표를 뽑기 위한 데이터 정리 등 업무 전반으로도 폭넓게 활용할 수 있다.

경영진은 DX 조직에 다음과 같은 요청을 하면 된다. 경영진이 직접 액세스하여 볼 수 있는 대시보드를 만들어 달라. 여기에서 좀 더 나가 집무실 모니터에 띄워 두게 되면 여러 가지 변화의 시작을 실시간으로 확인할 수도 있다. DX 추진 속도가 분명 향상되는 경험을 할 수 있다.

20. 프로세스 변경보다 프로세스 가시화

경영 전략 수립과 함께 프로세스 혁신은 오랜 기간 컨설팅 회사의 주요한 프로젝트였다. 영업, 마케팅, 공급망, 구매, 물류, 생산 및 제조 등 다양한 가치 사슬(밸류 체인)에서 중복적이고 불필요한 일들을 과감하게 없애 최적의 프로세스를 구축하는 것, 그리고 더 좋은 제품을 빠르고 싸게 만들 수 있도록 고객 중심으로 업무 처리 방식을 도입하는 것, 이 모두가 프로세스 혁신에 해당한다.

　일반적으로 프로세스 혁신을 추진할 때 다음과 같은 사항들이 중요하다. 기존 프로세스와 시스템을 의식하지 말고 원점에서부터 시작하는 것, 기존 프로세스를 하나의 레거시로 정의하고 외부 시선으로 프로세스를 조목조목 따져보는 것, 다음으로 조직의 변화 관리 방안을 수립하여 적용해보는 것이다. 이는 구성원들이 새로운 시스템에 잘 적응하고 공감할 수 있도록 교육하는 것을 말한다. DX 실행 조직을 꾸리고 이들을 회사 내 여러 부서와 관계 맺게 함으로써 DX 미션을 적용해 가는 것과 크게 다르지 않다.

여기서 우리가 잊지 말아야 할 한가지는 상당수의 프로세스 혁신 과제들이 성공으로 이어지기 쉽지 않다는 점이다. 대부분 프로세스를 진단하고 어떻게 바꾸어야 할지에 대해서는 의미 있는 결론들을 만들어낸다. 하지만, 실행 과정에 들어가면 익숙하지 않다는 이유로 새로 도출한 프로세스는 무시되고 예전 방식으로 돌아가는 경우가 많다. 그리고 이 과정에서 업무 편의를 위해 예외 조건들을 하나씩 더하다 보면 진정한 의미의 프로세스 혁신과는 점점 거리가 멀어지게 된다.

이같은 실패 경험이 있다면 DX 프로젝트는 그동안 실패만 했던 프로세스 혁신을 제대로 해볼 수 있는 기회가 된다. 몇몇 현업 부서의 편의나 책임 회피 등의 이유로 손대지 못했던 프로세스를 이참에 손볼 수 있다. 몇 가지 불합리한 프로세스의 예를 들어보자. 우선 직원 개인이 휴가를 신청하고 이를 승인하는 프로세스이다. 일부 기업들은 직원 스스로 휴가를 신청하고 셀프 승인하는 것으로 변화했지만 여전히 많은 기업들이 팀원의 휴가 신청에 대해 팀장이 승인하는 과정을 거친다. 원점에서 생각해보면 개인 휴가는 각자 허용된 날짜 안에서 스스로 정해서 사용하면 되는 것으로 굳이 일일히 팀장에 보고하고 재가를 받을 필요는 없다. 만약 승인 절차가 팀장 또는 책임자의 일정 확인이 목적이라면 별도의 일정 관리 시스템으로 이를 확인하고 조정하면 된다. 여기에서 말하는 일정 관리 시스템이 DX 프로젝트의 한 요소가 된다. 비용 사용에 대한 품의 결제 프로세스도 살펴보자. 미국의 경우 개인에게 많은 권한을 부여하고 있고, 기본적으로 신뢰를 바탕으로 조직을 운영한다. 그래서 비용 집행에 대한 별도 품의가 없고 그냥 이메일을 통해 관련된 인원들에게 통보하고 문제가 된다는 피드백이 없다면 바로 집행하면 된다. 하지만 우리나라의 경우 기본적으로 개인이 잘못 사용할 수 있다는 전제를 하고서 프로세스를 도출하다 보니 품의 과정이 상당히 오래 걸리는 문제가 발생한다. 사실 '승인'과 '합의'라는 절차도 조직 내 역할과 직책에 따라 이름으로만 구분해 둔 경우라 할 수 있으며, 조직의 영향력을 놓지 않으려 하거나 책임 회피 용도로 잘못 오용되어 쓰이는 프로세스라 할 수 있다. 이를 새롭게 정의해 본다면 기업마다 조금씩은 다르겠지만 프로세스 승인에 소요되는 시간을 줄일 수 있는 방법은 분명히 있다. 마지막 사례로 예산 증액과 관련된 사례이다. 규모가 있는 기업의 경우 연초에 각 부서별로 사업 예산과 비용 예산이 산정되어 집행되도록 가이드를 받는다. 재무 관리 차원에서도 비용 결산은 중요한 요소이기 때문에 모든 조직이 예산 내에서 한 해 살림을 꾸려나가게끔 한다. 그러나 문제는 특정 계정의 예산이 부족할 때 발생한다. 계정마다 예산 한도는 연초에 확정되기 때문에 예산이 부족한 경우 다른 계정에 있는 예산을 전용하고, 이 과정에서 예산 전용에 대한 보고와 승인 절차를 밟아야 한다.

이같은 프로세스가 우리가 크게 인지하지 못한 채 기업 내에서 지속적으로 해오던 관행과 같은 프로세스이다. 그렇다면 DX를 통해 이들 프로세스를 어떻게 바꿀 수 있을까? 결론부터 이야기하면 프로세스를 바꾸려 하지 말고 '프로세스 가시화'에 집중해보라고 권하고 싶다. 프로세스 가시화란 그동안 암묵적으로 일해왔던 방식을 실제 눈으로 보이도록 표현하고, 각 프로세스에 어느 정도 업무량이 들어오고, 실제 그 일이 어느 정도의 시간으로 처리되는지 일종의 시각화를 하는 것이다. 즉, DX 관리를 위해 대시보드를 만든 것처럼 한눈에 전광판처럼 프로세스가 보이게끔 만드는 것을 말한다. 이를 위해서는 아직 디지털화가 되지 않고 수작업으로 관리되는 파일부터 우선적으로 디지털화하도록 해야 한다.

이처럼 디지털화가 된 프로세스가 있다면 데이터 분석 관점에서 해당 프로세스에 소요되는 시간 분석이 쉬워진다.

이를 통해 프로세스가 발생하는 빈도, 소요되는 시간, 생산성에 미치는 영향 등을 확인해볼 수도 있다. 이는 결국 DX 프로젝트와 하등 다를 바가 없는 경영 혁신이라고 할 수 있다.

21. 모든 것을 다 원점에서, 철저한 객관성 확보

개인적으로 좋아하는 영어 단어 중 하나가 바로 'Revolution'이다. 혁명 또는 변혁이라는 뜻을 갖고 있는 단어다. 이와 대비되는 단어 중에는 'Evolution'이 있다. 진화라는 의미로 점진적인 발전을 의미한다. 영어 철자 R이 하나 있고 없고의 차이인데 그 어감은 너무나도 크다. 개인적으로 좋아하는 글쓰기 책이 있다. 바로『뼛속까지 내려가서 써라』라는 제목의 책이다. DX 실행에 있어 변화에 대한 갈망과 자세를 은유적으로 표현하게 되면 바로 '혁명'이라는 단어와 '뼛속까지 내려가서 써라'라고 할 수 있다.

앞에서도 잠시 언급했지만 기업의 프로세스를 바꾸고자 하는 경우 모든 과정을 원점에서 다시 시작해야 한다고 했다. 마찬가지로 DX를 통한 신규 비즈니스 모델을 만들고자 할 때도 동일한 접근이 필요하다. 즉, 어떠한 과정이든 '트랜스포메이션(전환)'을 위해서는 원점에서 객관적으로 자신의 조직을 바라보는 시각이 중요하다. 이 객관성을 담보하기 위해 실행 조직의 구성원을 가능하면 외부 전문가로 영입하라고도 했다. 이처럼 낯설고 생소할 때 비로소 원점에서 모든 사안을 바라볼 수 있게 된다. 그래서 새롭게 조직에 합류한 이들일수록 조직과 프로세스 그리고 회사의 주력 사업에 대해 기존 경험과 대비해 어떤 점이 유사하고 그렇지 않은지, 조직의 문화나 정치 상황 등을 고려하지 않고 객관적으로 얘기할 수 있다.

어떤 일이든 안되는 이유 100가지는 누구나 쉽게 이야기할 수 있다. 문제없는 조직, 문제없는 프로젝트는 없기 때문이다. 안되는 이유만 찾는 분위기에서는 사실상 혁신이 불가능하다. 그래서 안 되는 이유보다 되는 이유 한가지라도 찾아내는 것이 필요하다. 만일 내부의 강점과 약점을 너무나 잘 알고 있고, 조직에 익숙한 사람이 중심이 되어 DX를 실행하게 된다면 이는 혁신이 아니라 진화의 수준에 그치고 말 것이다. 기존의 조직 책임자와 구성원들이 내놓는 진화 모델은 상당한 안정감을 주는 특징이 있지만 우리가 진짜하려는 혁신은 아님을 인정해야 한다. 그래서 기존 방식으로는 절대 성공 불가라는 인식을 가지는 것이 무엇보다 중요하다.

경우에 따라 실행의 성공 확률을 높이기 위해 동일 과제를 두 개의 조직으로 나눠 동시에 운영하는 경우도 있다. 내부 인원들로 구성된 조직과 완전히 외부 인원으로 구성된 조직을 각각 선발하여 똑같은 미션과 목표를 부여하고 실행하는 방법이다. 글로벌 기업들 중에서도 일부 이러한 접근을 쓰는 경우도 있지만 일반 중소 규모의 기업에서는 쉽지 않은 접근법이다. 또는 앞서 얘기한 대로 실행 조직을 외부에서 인수합병 하거나 새로운 회사를 설립하여 실행하는 방법도 있다. 이 또한 쉽지 않은 일이다. 그렇기 때문에 가능하다면 신생 조직을 구성하고 새 인원을 영입해서 실행하는 것이 가장 좋은 해법이다. 자주 강조할 수밖에 없는 이야기다.

그리고 여기에 하나 더 팁을 더하자면 기존 부서들과 동일한 사무 공간이 아니라 의도적으로 떨어진 공간, 즉 새로운 공간에서 DX 업무를 시작하는 것도 고려할 필요가 있다. 특히 새롭게 조직을 꾸리고, 과제를 탐색하고, 전략을 모색하는 시점에서는 그 효과가 더 크다. 대략 6개월에서 1년 정도의 기간이며, 한 발 떨어져 조직을 바라보면서 문제가 무엇인지 객관적으로 볼 수 있는 기회를 가질 수 있다. 앞에서는 DX 조직과 사업 조직을 같은 공간에 두라고 했다. 이때는 DX가 초기를 지나 안정화 단계에 접어들 때를 기준으로 한다. 즉, 초기 세팅 과정에서는 독자적인 시선과 사고가 필요하기 때문에 분리가 유리하고, 과제가 명확해지고 실행과 협력의 과정에 들어가고서부터는 같은 공간에서 함께 일하는 것이 더 낫다는 뜻이다.

새로운 사무 공간에서 일을 시작하게 되면 많은 부분들에 있어 원점에서 시작하는 경험을 하게 된다. 기존 사무실에서 쓰던 회사의 전용망이 아닌 가정에서 쓰는 것과 같은 외부 인터넷망을 쓰게 되고, 자연스럽게 현재의 불편한 점과 문제점을 확인할 수 있다. 그러면서 업무 효율성을 위해 어떤 것들을 바꿔야 하는 지가 자연스럽게 확인된다. 또한 기존 조직의 불필요한 간섭에서 벗어나 실행에 집중할 수 있으며 하나의 목표를 향해 달려가는 최적의 상황을 만들게 된다. 그리고 외부 파트너들과의 협업도 원활해진다.

최근 공유 오피스를 비롯하여 외부 공간에서 업무를 시작할 수 있는 환경은 아주 잘 정비되고 있다. DX 실행 조직을 내부에 만들고 기존 조직과 함께 앞으로 추진하게 될 과제에 대한 합의가 끝나 본격적으로 DX를 실행하는 단계에 접어들 때쯤이면 사무 공간을 어디에 두는 것이 유리한지 앞서 이야기한 장점들을 고려해서 결정하면 좋겠다.

22. 스타트업 프로세스를 도입해보자

'린스타트업'이라는 개념이 한때 기업 시장에서 많이 회자
된 적 있다. 린스타트업은 스타트업 출신의 에릭 리스(Eric
Ries)가 자신의 창업 성공과 실패 경험을 바탕으로 고안한 경
영 전략의 하나다. 자본과 리소스가 부족한 스타트업들은
완전한 제품을 위해 시간과 자원을 전부 쓰기보다, 시장의
평가를 빠르게 수집하고 파악된 문제점들을 재빨리 보완하
는 린스타트업을 실천하는 것이 훨씬 효과적이다. 그래서
린스타트업에서는 제품 아이디어 및 비즈니스 모델 가설에
기반해 최소 기능 제품(MVP, Most Viable Product)을 출시하고,
잠재 고객의 반응을 측정해 문제점을 고치거나 아니면 과감
하게 비즈니스 방향을 전환(Pivot)하는 방법을 쓴다. 이는 스
타트업 창업자들의 실패 부담을 낮추면서 계속해서 새로운
시도를 할 수 있는 방법을 뜻한다.

비즈니스의 불확실성이 높아지고, 성장이 정체되고 있

는 대기업들도 혁신적인 제품과 서비스를 만들기 위해 다양한 방법을 고심하는데, 린스타트업도 그 방법의 하나라 할 수 있다. 과거 식스 시그마(Six Sigma), 리엔지니어링(Re-engineering) 등을 거치면서 IT 시스템 도입이 유행하기도 했고 브레인스토밍(Brainstorming)이나 트리즈(Triz) 같은 창의성 훈련이 주목받기도 했다. 그러다 디지털이 전 산업 분야로 파고들면서부터는 린스타트업 방법론이 주목받고 있다. 특히 DX를 신사업 관점으로 보게되면 이들에게 기업가 정신을 부여하는 것은 무척이나 중요했다.

린스타트업뿐만 아니라 비슷한 개념을 가진 다른 여러 방법론들도 있다. 디자인 컨설팅 기업인 IDEO는 린스타트업과 유사하게 새로운 아이디어를 여러 구성원들의 신속한 검증을 거쳐 지속적으로 발전시키는 디자인 씽킹(Design Thinking)을 제안했다. IT 개발 방법론에서는 기존의 폭포수 방법론 대신 제품을 빠르게 만들어 배포하고, 검증해 문제점을 찾고 수정하는 애자일(Agile)이 많은 인기를 끌고 있다(애자일은 개발 혁신 전략, 린은 경영 혁신 전략으로 이해하면 둘의 구분이 좀 더 명확해진다). 미국의 클레이튼 M. 크리스텐슨 교수의 '파괴적 혁신' 또한 이러한 방법론 탄생에 영향을 준 개념이라 할 수 있다. 어떤 방법을 선택하던 모든 방법론이 지향하는 방향은 하나이다. 바로 불확실한 미래에 대응하기 위해 기존과는 다른 접근과 실행을 한다는 것이다. 그래서 작게 만들어서 빨리 시장에 출시하고, 이를 검증하고 발전시켜 결국에는 혁신에 이르게 하는 것이 핵심이다.

DX 또한 디지털을 이용해 비즈니스 모델을 바꾸고, 새로운 신사업을 런칭하거나, 기존 제품과 서비스를 디지털화해서 새로운 성장 동력을 마련한다는 입장에서는 이들 방법론을 적극적으로 사용해 볼 필요가 있다. 그러나 문제는 이런 방법론을 적용할 때 직접적인 실행 경험이 없다면 형식에만 치우쳐 결국에는 본질을 놓치게 된다는 것이다. 린스타트업 방법론을 통해 DX를 실행한다고 가정해보자. 비즈니스 모델에 대한 가설은 충분히 협의되었다 하더라도 최소 기능 제품을 출시하는 것에 대해서는 조직 간의 이견이나 이해충돌이 생길 수 있다. 스타트업 관점에서 본다면 브랜드도 없고 기획-디자인-개발-운영에 이르는 과정이 소수 인원으로밖에 할 수 없기 때문에 제품에 대한 검증과 테스트를 간소화해서 진행하면 된다. 필연적으로 속도가 날 수밖에 없다.

그런데 스타트업이 아니라 대기업이라면, 게다가 엄청 유명한 브랜드를 소유한 곳이라면? 자신들이 보기에 완성품이라고 하기도 어려운 최소 기능 제품을 출시하는 것 자체가 일단 쉬운 의사 결정이 아니라 할 수 있다. 그리고 기존의 브랜드 가치를 훼손할 수 있다는 논리에서부터 고객 불만이 발생하면 콜 센터에서의 AS 처리 비용이 증가될 수밖에 없다는 등 이 모두가 반대 이유가 된다. 물론 일반적인 제품 출시 과정에서는 모두 맞는 이야기이지만, 린스타트업의 본질이 '가설 검증'인데도 불구하고 이러한 이해를 하지 못한다면 이 방법을 적용한 DX는 물 건너가는 일이 될 수밖에 없다.

브랜드 이슈를 넘어 출시 단계에서 발생하는 문제점도 있다. 기존의 제품 출시 관점에서 보게 되면 최소 기능 제품은 정말로 그 품질이 형편없어 보인다. 당연하게도 내부 품질 테스트 기준을 통과할 수도 없다. 그러다 보면 실행 속도는 자꾸만 늦춰진다. 이런 복잡성은 하드웨어 제조에서 소프트웨어나 서비스 출시 같은 이질적 사업으로의 전환에서 필연적으로 발생하는 문제이다. 이처럼 디지털로의 전환 과정은 디지털이라는 수단을 잘 활용해야 하는 활동이다. 디지털의 장점은 이미 고객이 사용하고 있는 제품과 서비스도 바로 패치라는 과정을 통해 쉽게 수정할 수 있다는 것이다. 하지만 하드웨어나 물리적인 제품 중심의 회사에서는 이러한 개념을 이해하기 어려워 한다.

우리나라의 자동차 회사 품질 부서에서 봤을 때 테슬라 자동차의 소프트웨어가 1주일에 한 번씩 패치되고, 업그레이드되면서 제품 성능이 좋아진다는 상황을 과연 이해할 수 있을까? 아마 자신들의 기준으로 본다면 자동차를 출시조차 할 수 없을지도 모른다. 최근에는 인공지능 기술이 발전하고 있어서 품질 테스트에 정답이라고 말하기 어려운 것들이 너무나도 많다. A를 입력하면 B라는 결과가 나오는 것도 아니고, 일종의 블랙박스 형태로 학습 모델에 따라 결과적으로 훌륭한 결과가 나올 것이라고 보는 것이 인공지능 분야의 기본 논리이다. 그렇다 보니 이런 경우 품질 검증을 어떤 식으로 해야 하는 지가 항상 이슈가 될 수밖에 없다. 결국 이런 문제를 해결하기 위해서는 경험 있는 외부 인력이 적절히 배치되는 것 말고는 뾰족한 수가 없다. 실행 조직의 인원들을 경험자로 배치하고 공통 조직 또는 지원 조직의 구성원들도 최소의 교육을 통해 이해도를 높여 가는 것이 필수적이다. 그것도 어렵다면 경험 있는 전문 조직과 협업을 통해서라도 이런 문제를 해결해 나갈 수 있어야 한다. 만약, 최소 기능 제품으로 기존의 브랜드 가치 하락이 우려되는 경우라면 회사 이름을 달지 않고 별도 브랜드 또는 개인 서비스로 출시를 허락할 필요도 있다. 이러한 사례는 시장에 이미 상당수 존재한다. 브랜드를 쓰지 않음으로써 실제 스타트업과 동일한 환경에서 일한다는 느낌을 줄 수 있고, 조금 더 객관적인 시장 평가를 얻을 수도 있다.

지금까지 설명한 여러 경우의 수와 방법론의 결정은 결국 DX 조직에서 직접 의사 결정하는 것이 좋다. 기존 프로세스를 따라간다면 내부의 속도는 빠르지만 타 부서와의 협업에서는 속도가 저하되어 엇박자가 일어날 수밖에 없다. 권한과 책임을 부여하자는 의미는 실행의 핵심 이외에 비즈니스 모델이나 신제품을 테스트하는 일련의 모든 구성원들을 하나로 묶고, 모든 의사결정 체계를 일원화해야 한다는 것임을 잊지 말아야 한다.

23. DX 조직, 각 구성원의 역할

DX를 담당하는 부서는 전문성을 갖추고 빠른 실행이 중심이 되어야 하는 조직이다. 그래서 가능하다면 경험이 있고 역량이 뛰어난 인원들 중심으로 구성하는 것이 중요하다고 앞서 여러차례 이야기했다. 이같은 어려운 과정을 거쳐 최소한의 DX 조직이 꾸려졌다면 이제는 실행의 속도를 올려야 한다. DX 조직 또한 다른 IT 프로젝트와 마찬가지로 개별 프로젝트 실행을 위한 팀이 구성되고, 실무자들은 세부적인 R&R(Role & Responsibility)을 부여받게 된다. 먼저, 이해를 돕기 위해 일반적인 IT 프로젝트의 팀 구성에 대해서부터 알아보자.

전체 제품에 대한 오너십을 가지고 전체 프로젝트를 총괄하는 제품 관리자 즉, 프로덕트 오너(PO, Product Owner) 또는 프로덕트 매니저라고 불리는 역할이 있다(DX 담당 리더라고 할 수 있다). 다양한 곳에서 나오는 아이디어를 분석하여 일을 진행해도 될지 말지를 판단하고 실제로 무엇을 만들지를 정의하고 더 나아가 필요한 최소한의 기능 범위 그리고 출시일 등을 결정하는 사람이다. 프로젝트팀 전체를 리드하면서 일이 잘되기 위해서 어떤 것들을 해야 하는지 최종 의사결정을 책임지는 일을 한다.

다음으로는 디자이너이다. 전통적인 디자인 결과물을 만들어 내는 GUI 디자이너 외에도 사용자 인터페이스를 정의하는 UI 디자이너, 사용자 경험을 디자인하는 UX 디자이너 등이 있다. 이중 최근 중요성이 점점 더 부각되고 있는 영역이 UX이다. 제품을 사용하게 될 사용자에 대한 깊은 이해를 바탕으로 사용자의 경험을 설계한다. 이들은 어떠한 일을 어떤 내비게이션과 흐름에 따라 제공할지를 책임진다. 우리가 모바일 환경에서 아주 편안하게 사용하는 대부분의 앱은 이러한 UX 디자이너의 결과물이라고 해도 과언이 아니다.

다음으로 프로젝트 관리자가 있다. 보통 PM이라고 불리며, 이들은 정의한 제품을 주어진 일정과 비용, 그리고 한정된 리소스 자원을 가지고서 만들어나가는 역할을 담당하다. 즉, 실행 과제를 하나의 프로젝트로 보고 이들 프로젝트의 일정과 범위를 기간 내에 맞추기 위해 스케줄링과 단계별 업무를 추적, 관리하는 역할을 담당한다. 앞서 설명한 제품 관리자 또는 프로덕트 오너가 해당 제품을 어떻게 만들 것인지를 정의하는 큰 역할이라면 프로젝트 관리자는 주어진 일정 안에 실제 제품을 만들어 내는 역할이라고 할 수 있다. 시장에서는 이 둘의 역할을 가끔 혼동해서 얘기하기도 하지만, 명확하게 서로 구분된 역할을 갖고 있다.

다음으로 엔지니어 즉, 개발자가 있다. 실제 IT 프로젝트의 성공과 실패는 개발자의 역량에 달려 있는 경우가 많을 정도로 개발자는 무에서 유를 창조해내는 역할을 한다. 대부분의 디지털 제품 결과물은 IT 시스템, 웹 또는 앱과 같은 소프트웨어이기 때문에 개발자의 역할을 가장 중요하게 본다. 개발자들은 눈에 보이지 않지만 프로그래밍 언어를 활용해 앞서 정의한 제품을 동작하도록 만들며, 디자이너가 만들어 낸 그래픽 화면과 사용자 경험을 실제로 구현하는 역할을 한다. 물론 개발자 직군을 세부적으로 들여다보면 프로그래머, 아키텍트, DBA, 프런트 엔드 엔지니어, 백 엔드 엔지니어 등 아주 다양하게 많지만 모든 직군의 인력들이 결과적으로 하나의 제품을 만드는데 기여하는 활동을 한다고 볼 수 있다. 개발자의 가장 큰 역할은 주어진 요구사항을 이헤하고, 이를 어떻게 만들 것인지를 판단하고 실행하는 일이다.

다음으로 운영자가 있다. 디지털 기반 제품은 출시 뒤 고객이 사용하면서 경험하는 각종 서비스들이 잘 운영되게끔 하는 것이 중요한데, 이 역할을 담당하는 사람이다. 운영자는 서비스 운영, 시스템 운영, 인프라 운영 등으로 조금 더 세부적으로 구분해 볼 수 있다. 서비스 운영은 흔히 이야기하는 대고객 서비스이다. 고객으로부터 들어온 문의에 대응하거나 실제 서비스의 운영 지표를 확인하고, 관리하는 역할을 담당한다. 이에 반해 시스템 운영은 시스템 전반으로 개발 관점에서 유지 보수를 담당하는 역할을 한다. 인프라 운영은 시스템이 위치하게 되는 서버 인프라를 안정적으로 유지보수 하는 역할을 한다. 최근에는 데브옵스(DevOps)라는 개념이 확산되면서 개발과 운영을 같이 하는 경우도 있다. 그러나 개발 과정과 운영 과정은 엄연히 구분되는 역할이기 때문에 이러한 구분을 알아두면 좋다.

마지막으로 제품 마케팅이 있다. 제품 관리자가 마케터 역할을 동시에 수행하는 경우도 있지만 디지털 기반의 제품 또는 서비스는 다양한 온라인 채널에서의 마케팅 활동을 필수로 하기 때문에 서로 다른 역량을 필요로 한다. SNS을 기반으로 고객과 직접적인 소통에 바탕을 둔 마케팅과 데이터를 기반으로 한 그로스 해킹(Growth Hacking)과 같은 퍼포먼스 마케팅 등 디지털 환경에 최적화된 다양한 마케팅 영역도 알아둘 필요가 있다.

IT 프로젝트를 세부적으로 들여다보면 각각의 직무 역할이 많이 다르다. 이러한 다른 점을 충분히 인지한 상태에서 프로젝트팀을 꾸리고, 실행해 나가는 것이 중요하다. 그러나 가끔 실행 중간에 어려움이 봉착하게 되는데 바로 각자의 R&R에 너무 충실하여 아주 열심히 자기주장을 하는 경우이다. 특히 각자의 전문성을 지니고 있는 인력이 모여있는 프로젝트팀이라면 더더욱 자주 발생하는 문제이다. 디자이너는 사용자 경험 관점에서 A라는 기능을 포함해야 한다고 주장하고, 개발자는 A를 그대로 구현하게 될 경우 개발 일정과 난이도가 너무 올라가 어렵다는 이야기를 한다. 그러면서 서로의 주장을 굽히지 않는다. 이런 혼란함을 방지하기 위해서는 제품 관리자가 프로젝트 초기에 각 담당자들의 역할을 명확히 규정하고, 우리 제품의 의사 결정 우선순위를 미리 정의하여 공감대를 얻는 것이 중요하다. 예를 들면 아래와 같은 정의를 사전에 해볼 수 있다.

- 고객에게 가치 있고, 사용할 수 있고, 구현 가능한 제품을 확정하는 것이 제품 관리자의 역할이다.
- 개발도 중요하지만 우리 제품은 UX 디자인이 의사 결정의 1순위이다.
- 개발자는 구현 관점에서 생각하지만, 사용자는 자신들

의 느낌과 경험으로 제품을 사용하고 평가한다.

- 개발자는 UX 디자인 전문가가 아니다. 개발자는 주어진 UX에 맞춰 개발에만 집중한다.
- 제품 아이디어는 잠재 고객을 대상으로 검증한다.
- 우리 아이디어를 잠재 고객에게 테스트할 수 있으려면 완성도 높은 프로토타입이 만들어져야 한다.
- 제품 관리자는 최소 기능 제품의 범위를 파악하고, 투입될 시간과 리소스를 최소한으로 줄이는 전체적인 책임을 져야 한다.

DX 과제도 보통의 IT 프로젝트처럼 실패 확률이 높다고 할 수 있다. 이는 무형의 자산을 만드는 과정으로 기존 조직에서 IT 프로젝트를 수행해본 경험이 없다면, 중간 과정에서의 가시성은 물론이고 내용에 대한 이해조차도 어렵다는 것을 뜻한다. 그렇기 때문에 경영진은 내용에 대한 점검은 하지 못하더라도 PO에게 전권을 위임하고 앞서 이야기한 조직 관리 차원에서 역할과 실행 방향에 대한 원칙을 듣고 이를 잘 지켜나가고 있는지 확인하는 것이 중요하다.

24. 상시적 DX, 오픈 이노베이션의 도입

DX를 추진하는 과정에서 많이 듣는 방법론 중 하나가 바로 오픈 이노베이션(Open Innovation)이다. 오픈 이노베이션은 미국 버클리 대학의 헨리 체스브로(Henry W. Chesbrough) 교수가 처음 제시한 개념으로 기업의 혁신을 위해 필요한 기술과 아이디어를 외부 자원을 활용해 해결하는 것을 말한다. 이렇게 설명하면 아웃소싱이랑 뭐가 다른 건가 싶은데, R&D 관점에서 보게 되면 오픈이노베이션은 단순 아웃소싱이 아니라 회사가 주력으로 추진하는 분야에 자체 역량을 집중하면서도 동시에 외부의 기술을 활용하여 전체적인 R&D의 부담을 줄이고 성과를 극대화하는 것이라 할 수 있다. 즉, R&D 과제를 진행함에 있어 일부 필요하거나 이미 성숙도가 높은 영역에 대해서 외부 파트너의 기술을 적극 활용함으로써 개발 부담을 줄이고 속도는 높이는 방법이라고 할 수 있다.

오픈 이노베이션이 등장한 2000년대 초반만 해도 오픈 이노베이션은 R&D 분야에만 초점이 맞춰져 있었다. 하지만 2000년대 중반 이후로는 생산과 서비스 같은 기업 전 영역으로 개념이 확대되어 운영되고 있다. DX 프로젝트의 경우에도 인공지능, 빅데이터, 클라우드와 같은 새로운 기술의 계속적인 등장으로 혼자서 모든 것을 실행하는 것에는 한계가 있고, 기술 전문성의 확보뿐만 아니라 제품 및 서비스의 아이디어 발굴 측면에서도 오픈 이노베이션을 중요하게 보고 있다. 고객의 요구 사항은 점점 더 다양해지고 이에 대한 대응은 빠르게 요구되다 보니 기업들은 신제품 개발과 서비스 출시 시기를 점점 더 빨리하고 있고, 이런 상황에서 오픈 이노베이션에 대한 수요는 점점 더 높아진다고 할 수 있다. 마지막으로 글로벌 비즈니스를 전개하는 기회의 확대라는 측면도 있다. 국내 비즈니스의 경우에는 모든 가치 사슬을 한 기업 안에서 구축하는 것이 그리 어렵지 않은 모델이다. 하지만 글로벌 비즈니스를 위해서는 혼자서 모든 것들을 감당한다는 것이 현실적으로 어렵다. 이런 경우 이를 보완할 수 있는 파트너들과 함께 오픈 이노베이션 전략을 선택하는 것이 중요하다.

오픈 이노베이션을 단순히 외부 파트너사들과 협력하는 일 정도로 이해하고 있는 경우가 있는데, 업무협약(MOU,

Memorandum of Understanding) 수준이 아니라 부족한 역량을 보유한 기업을 인수 합병도 할 수 있을 정도의 강력한 법률적인 권리와 의무 보장이 바탕이 된 협업을 말한다. 파트너십 관계에서도 기술, 생산, 판매 영역 등 다양한 범주의 협업이 가능하며 기술 라이선스에 대한 공동 개발과 일부 파트를 공급하거나 OEM 방식으로 생산을 진행하고 공동 브랜드를 만들어 이를 상호 판매하는 것도 가능하다. 즉, 다양한 형태의 제휴가 일어날 수 있으며 지분 투자를 하거나 아니면 소수 지분의 교환을 통해 각 회사의 관계를 강화하는 일, 조인트 벤처(JV, Joint Venture) 형태의 새로운 법인을 설립하고 서로 투자하는 형태 등 이 모두가 오픈 이노베이션이라 할 수 있다. 그리고 JV를 설립할 때에도 기술 베이스의 JV 설립이 있을 수 있고, 판매 중심의 합작 법인을 설립할 수도 있다. 이 또한 오픈 이노베이션의 한 형태라 할 수 있다.

대표적인 오픈 이노베이션의 성공 사례에는 어떤 것이 있을까? 사업적으로도 성공한 사례를 꼽아본다면 바로 P&G의 오픈 이노베이션 프로그램인 C&D(Connect and Development)를 들 수 있다. 2015년까지 P&G를 이끌었던 CEO 앨런 조지 래플리(Alan George Lafley)는 외부로부터 혁신의 50%를 획득하는 것을 회사의 목표로 설정하고, 내부의 7,500명 R&D 인력에 더해 외부의 150만 명의 R&D 인력을 마치 내부의

R&D 조직인 것처럼 인정하고 상호 접근이 가능하도록 내외부 간 경계를 허물었다. 그 결과 다양한 제품들이 실제 P&G의 브랜드를 달고 시장에 출시되었고 상당한 성공을 거두는 제품도 나왔다. 우리가 흔히 알고 있는 타이드(세제), 팸퍼스(일회용 기저귀), 오랄비(칫솔), 질레트(면도기), 듀라셀(건전지), 크레스트(치약), 프링글스(스낵) 등이 모두 이러한 오픈 이노베이션 프로그램으로 탄생한 제품들이다. 이들은 모두 연 매출 765억 달러에 달 할 정도가 되었다. 뿐만 아니라 C&D 프로그램을 실행하기 시작한 2000년 당시, P&G의 신제품 중 15%만이 외부에서 만들어진 것이었지만 2007년에는 50%를 상회하는 비중으로 확대되었다.

이처럼 오픈 이노베이션은 기존 기업들의 지속적 성장의 고민을 해결해줄 수 있는 대안으로 인식되고 있다. 특히 미국의 실리콘 밸리에서도 이같은 사례를 쉽게 찾을 수 있다. 구글, 아마존과 같은 빅테크 기업들은 주력 사업은 있지만 미래 준비를 위해 끊임없이 인수합병을 하면서 새로운 비즈니스 모델을 테스트하고 있다. 구글의 사례로 딥마인드를 인수한 알파고가 있다. 구글 내부에서도 인공지능에 대한 고도의 기술력을 가지고 있지만 자신들이 확보하지 못한 영역의 기술을 조기에 발견하고 설립한 지 4년 정도밖에 안 된 회사를 7,000억 원을 투자해 인수한 사실은 오픈 이노베이션 관점에서 보면 시사하는 바가 매우 크다. 물론 우리나라의 모든 기업이 이러한 P&G와 빅테크 기업과 같은 형태의 운영을 지향해야 한다는 것은 아니다. 다만 앞으로 DX를 중요한 방향으로 설정하고 있고, 이를 조직 내에 지속 가능한 혁신 도구로 자리매김하려면 반드시 고민해봐야 할 부분이라고 할 수 있다.

DX를 실행함에 있어 많은 기업들이 아웃소싱을 활용할 텐데 파트너가 되는 상대 회사를 어떤 기준에서 바라보고 협력해 나갈지 출발선을 잘 긋는 것이 중요하다. 앞서 DX의 아웃소싱을 어디까지 해야 하는지 집중적으로 얘기했다. 오픈 이노베이션을 위한 파트너를 명확히 하고, 상대 회사의 역량을 어떻게 활용할지가 정해진다면 파트너 회사에 대한 지분 투자를 하거나 조인트 벤처를 만들어 보는 등의 새로운 해법이 도출될 수 있다.

DX의 여정은 절대 혼자서 모든 것을 짊어지고 갈 수 있는 길이 아니다. 더불어 기존 회사의 DNA가 IT가 아닌 이상, 자본력은 있다손 치더라도 IT 전문 회사와 비교하기에는 상당한 열위에 있을 수밖에 없다. 그래서 이들과의 경쟁에서도 이겨내려면 내게 없는 능력을 갖춘 파트너들과 협업을 이뤄내는 것이 무척이나 중요하다.

25. 보안 규정이 DX를 방해해선 안 돼

우리나라 IT 환경에서 보안하면 떠 오르는 것이 바로 공인 인증서이다. 꽤 오랜 기간 동안 여러 규제로 선택의 여지 없이 사용해왔고, 불필요한 프로그램을 개인 PC에 강제로 설치하게 해 많은 이용자들로부터 불만을 사기도 했다. 공인 인증서를 이용하여 인터넷 뱅킹을 한다거나 공공기관 웹 페이지를 이용할 때면 인증서 및 각종 보안 프로그램을 설치하고 재부팅 하는 등 꽤 번거로웠던 것이 사실이다. 결국 최근에서야 일부 규제가 변경되면서 기존의 공인 인증서 대신 사용성이 훨씬 개선된 공인 인증서를 사용할 수 있게 되었다.

기존 인증서만 쓸 수 있던 시기, 외국의 인터넷 서비스를 이용해본 사람들이라면 전혀 불편함 없이 금융이나 결제 서비스를 이용할 수 있었던 것에 놀라움을 금치 못했다. 분명 같은 인터넷 뱅킹인데, 어디에서는 여러 개의 프로그램을 설치해야 이용 가능했고 어디에서는 그냥 클릭 몇 번으로 포털 서비스 사용하듯 물 흐르듯 편안하게 이용이 가능했다. 무슨 차이일까? 바로 사용자 경험과 기술 사이에서 사용자들을 기본적으로 문제를 발생시킬 수 있는 대상으로 보고 사전에 막을 것인지, 아니면 문제가 생기기 전까지는 편안하게 쓰게 하다가 문제가 생겼을 때 그에 따른 보상을 요구할 것인지, 이같은 관점의 차이가 그 같은 차이를 만들었다고 할 수 있다.

보안 문제에서도 국내 기업과 해외 기업의 인식 차이를 동일하게 볼 수 있다. 일정 규모 이상의 직원 수를 보유한 기업, 특히 국내 대기업 계열사들은 이미 사내 보안 프로그램이 적용되어 있고, 보안이라는 이유로 문서를 캡처하거나 자유롭게 외부로 유출하지 못하게 되어있다. 기업의 중요 정보에 대한 유출을 방지하려는 목적이 있기 때문에 충분히 이해가 되는 사항이다. 그러나 이러한 보안 정책들이 변하는 환경을 제대로 반영하고 있느냐 하면, 그렇지 못하다고밖에 볼 수 없다. 문서 보안의 핵심은 조직 내 문서 유통의 문제가 아니라 문서가 외부로 나갈 때 DRM 등을 통해 외부에서 해당 문서를 보지 못하게 막는 것이 핵심이다. 그러나 우리나라 기업들의 보안 체계는 무조건 막고 보자는 방향으로 흘러왔다. 이는 이메일에서도 마찬가지다. 심지어 이메일을 자동으로 삭제하는 기업도 적지 않다. 그러나 이렇게 삭제하는 메일들을 별도로 보관 하는지는 의문이다. 기계적으로 삭제했다가 중요한 소송이 발생해 해당 메일을 복구해야 한다면, 이에 대한 대안을 가지고 있는지도 모르겠다. 이처럼 직원들은 보안이라는 이유로 인해 상당한 생산성 저하를 경험하고 있다.

최근에는 기업들의 보안 활동도 변화를 맞고 있다. 바로 앞서 설명한 다양한 디지털 도구들로 대표되는 SaaS 서비스 도입을 하면서부터다. SaaS 서비스는 자사의 서버가 아닌 서비스 제공자들의 서버를 빌려서 이용하는 형태이다. 규모가 큰 기업에서 SaaS 서비스를 도입할 때 가장 먼저 부딪히는 문제가 바로 기존 보안 레벨 차이에 따른 혼란이다. SaaS형 서비스의 장점은 언제 어디서든 인증을 거치면 내가 작성하고 있던 문서 또는 공동 작업하던 파일로의 접근이 가능하다는 점에 있다. 그런데 이를 기존의 보안 정책으로 해석하게 되면 문서를 일정 기간 보관하고 있다가 삭제해버린다거나, 회사의 지정된 PC가 아닌 다른 곳에서의 접속은 불가능해지는 일이 발생한다. 이는 공공기관 서비스의 관점에서 직원들을 어떻게 바라보느냐와 동일하다. 우리의 경우 직원들을 잠재적인 보안 위험 대상자라 보고 여러 사용 기능을 제약하는 방향으로 보안을 적용한다. 그래서 특정 기간이 지나면 자료를 삭제하거나 접속에 제약을 두는 정책을 취한다. 그러나 글로벌 기업의 경우 개인의 사용성을 최대한 편하게 열어놓되 문제가 생겼을 때 상당한 손해 배상이 따를 수 있다는 것을 별도의 교육을 통해 알리는 방식을 취한다. 지금처럼 재택근무가 많은 경우, 회사는 직원들 각자가 어떤 PC를 사용하던 어느 위치에서 자주 접속하는지를 쉽게 파악한다. 회사와 집 주소는 이미 알고 있고, 접속하는 IP 주소만으로도 정상적인 접근인지 아닌지를 파악할 수 있다. 그러다 집과 회사가 아닌 완전히 다른 위치에서의 접속이 모니터링되면 보안 솔루션에서 이상 감지를 알려주고, 이를 추적하거나 바로 그 권한을 끊어버리는 활동을 보안팀에서 담당한다. 이처럼 처음부터 접속이 불가능하게끔 막는 것이 아니라, 이상 감지가 확인될 때 접속을 못하게 조치함으로써 직원들은 자주 접속하는 곳에서는 막힘없는 업무를 보장받게 된다. 이 작은 차이가 실제 업무에 있어 엄청난 생산성 차이를 만든다.

DX의 여정에서 직원들의 디지털 역량을 향상하고자 시작하는 일들이 겉만 번지르르하고 실제 성과를 만들지 못하게 된 데에는 이러한 디테일의 차이가 결정적일 때가 있다. 앞서 문서 보안을 이야기했지만 우리나라에서 문서 보안을 의미 그대로 제대로 적용하는 기업이 과연 얼마나 될까? A

팀에서 작성하였고, 이에 대한 접근 권한은 A팀 구성원과 회사 CEO 및 임원들로만 한정되어 있는 대외비 문서가 있다고 하자. 만일 A팀 팀원이 B팀으로 내부 이동을 하였다고 할 때 해당 팀원이 이전에 작성한 대외비 문서에 접근이 바로 차단되는지 살펴보자. 아마 대부분은 개인 PC에 별도의 파일을 갖고 있을 것이다. 이런 기본 상황도 해결하지 못하면서 공인 인증서 같은 기업 보안 프로그램을 설치한 것으로 기업 보안을 잘하고 있다고 생각하면 안 된다. DX로 기업의 일하는 문화를 바꿔보고자 한다면 기존의 보안 규정도 원점에서 다시 한번 살펴보아야 한다. 분명 변화가 필요한 요소를 발견할 수 있을 것이다.

26. DX의 기본, 퍼블릭 클라우드

DX를 위한 기술 중 가장 기본이 되는 것이 클라우드라고 해도 과언이 아니다. 아마존 AWS, 마이크로소프트 애저, 구글 GCP로 대표되는 클라우드 서비스의 등장은 실제 DX를 가속화 한 주인공이라고 할 수 있다. 이제는 국내 기업들에서도 IDC(Internet Data Center)에 서버를 넣어두고 정기적으로 방문해서 점검하는 일은 거의 찾아볼 수 없는 광경이 되었다. 글로벌 서비스를 목표로 하는 기업의 경우 퍼블릭 클라우드의 등장은 가뭄의 단비처럼 여러 복잡한 문제를 한 번에 해결해 주는 핵심 도구라 할 수 있다. 퍼블릭 클라우드를 DX 실행 관점에서는 어떻게 바라봐야 할까?

퍼블릭 클라우드 환경을 소개할 때 가장 큰 장점으로 꼽는 것은 바로 속도와 민첩성이다. 전통적인 온프레미스 환경이라면 서버 구축이 일단 하드웨어 주문으로부터 시작한다. 인프라 운영 담당자가 개발팀과 협의하여 서비스 가용성에 적합한 부품을 조합하여 서버 주문을 한다. 보통 몇 주간의 시간이 소요되며, 해외에 있는 IDC로의 발주라면 몇 달이 소요되기도 한다. 이런 주문 끝에 하드웨어를 인수하면 그다음으로 서버용 운영체제와 소프트웨어를 설치하고, 네트워크에 연결하고 안정성을 점검 한 후 설치에 들어가게 된다. 그런 다음에서 별도의 서버 관리 소프트웨어를 통해 서버가 정상 동작하는지 살펴보고 해결되지 않는 문제가 있다면 IDC 현장을 방문하여 처리하는 과정을 거친다. 그런데 퍼블릭 클라우드 환경에서는 이런 과정이 훨씬 간편하게 이루어진다. 온라인상에서 필요로 하는 서버 사양을 선택하고, 클릭 몇 번만으로 바로 하드웨어를 사용할 수 있다. 더불어 서버 사양을 선택할 때 경우에 따라 서버 운영 체제나 일부 소프트웨어는 설치된 상태로도 요청할 수 있다. 이런 경우, 인프라 담당자가 해야 할 일은 크게 줄어든다. 즉 이전의 방식은 맞춤 정장을 만드는 과정이었다면 퍼블릭 클라우드는 기성복을 선택하는 방식이라 할 수 있다. 이러한 즉시성 때문에 퍼블릭 클라우드는 속도와 민첩성에서 기존 방식보다 빠르다는 장점이 있다. 즉, 새로운 서비스를 시장에 출시할 때 시간을 줄일 수도 있고 테스트를 민첩하게 끝낼 수도 있다. 더불어 수 분 내로 글로벌 서비스로 확장할 수도 있다.

그리고 퍼블릭 클라우드 환경을 사용하게 되면 비용 절감도 가능해진다. 물론 이 부분에 대해서는 논란이 있을 수 있다. 최근의 퍼블릭 클라우드 환경은 PaaS(Platform as a Service, 서비스형 플랫폼 - 앱 개발에 필요한 각종 IT인프라를 플랫폼 형태로 서비스하는 모델, 기업은 앱 개발에만 신경쓰면 된다)를 더 많이 활용하면서 기존의 단독 서버를 구성했을 때보다 비용이 더 나오는 경우도 있다. 그러나 전통적인 서버 운영 관점에서 본다면 일정 규모에 이르기 전까지는 비용 절감은 반드시 일어난다고 볼 수 있다.

하나의 서비스를 운영하는 데 있어서 순수한 인프라 비용 이외에도 운영 인력에 대한 비용 또한 적지 않다. 퍼블릭 클라우드를 사용하게 되면 이러한 인건비 또한 탄력적으로 운용 가능하다. 더불어 퍼블릭 클라우드는 서버(하드웨어)에 대한 투자가 아니기 때문에 서버를 사용한 만큼만(종량제) 비용을 지불하면 된다. 이는 기업 회계 차원에서도 자산의 '투자'가 아니라 자산의 '운영'으로 변환되는 것을 의미한다. 게다가 종량제 방식이기 때문에 서버 사용량이 어떻게 될지 예상할 수 없는 상황에서는 비용에 대한 고민 없이 여러 가지 사업 실험을 해볼 수도 있다. 서버 운영은 인프라 담당자와 개발자 사이의 합의된 트랜잭션을 기준으로 서버 사양을 결정하게 되는데 실제 사용량이 이보다 적은 경우라면 서버에 대한 과 투자가 된다. 즉, 100의 가용성을 가진 서버를 실제 운영해보니 20만 사용하고 있다면 80의 서버 자원은 과투자 된 것이라 할 수 있다. 사실, 이런 세부적인 부분은 회사 경영진에게 잘 보고되지도 않고 실제로 알고 있는 상황이라 하더라도 투자를 회수할 수도 없다. 그러나 퍼블릭 클라우드 환경에서는 이런 상황도 유연하게 대처할 수 있다. 100 정도의 서버 자원을 설정했다가 실제 20만 사용한다면 25나 30 정도의 서버 자원으로 다운사이징을 할 수 있는 것이다. 이런 확장성과 유연성은 반대의 상황에서도 큰 장점이 된다. 출시한 서비스가 너무 잘되어 서버 자원에 대한 수요가 일시적으로 급증한다 하더라도 빠르고 유연하게 서버 사양을 확장할 수 있고, 이러한 유연성 때문에 실제 서버 장애 발생률이 50% 이상 감소되었다는 예도 있다. 만일 서버 자원에 심각한 문제가 발생했다 하더라도 서버 복구 시간은 이전보다 훨씬 줄어들 것이다.

DX를 실행하는 관점에서 퍼블릭 클라우드의 이용은 이외에도 다른 중요한 요소가 하나 더 있다. 바로 DX를 위한 주요 기술인 인공지능, 빅데이터 및 사물 인터넷과 같은 최신의 기술들이 대부분 퍼블릭 클라우드 환경에서 구현된다는 점이다. 앞서 이야기한 것처럼 잘 만들어진 기술은 처음부터 내부에서 만들려고 하지 말고 외부의 자원을 잘 활용하는 것이 중요하다. 이런 맥락에서 오픈 이노베이션의 중요성도 이야기했다. 이러한 확장성과 빠르게 변화하는 기술을 최적의 타이밍에 활용하고자 한다면, 회사 시스템이 퍼블릭 클라우드 환경일때만 가능하다. 또한 최소 기능 제품을 만들어서 시장에 선보이거나 다양한 실험을 할 때에도 퍼블릭 클라우드는 최소의 비용으로 최대 효과를 가져다줄 수 있다. 이전 방식으로 보면 하드웨어에 대한 구매부터 많은 자산을 확보할 수밖에 없기 때문에 새로운 사업을 시작하기 힘들고, 시작한 사업이 실패할 때 매몰 비용도 상당히 컸다. 그러나 지금은 그러한 걱정 없이 시작할 수 있다. 물론 퍼블릭 클라우드 환경을 얼마나 잘 활용하는지는 또 다른 문제고 기업 내 역량이라고도 할 수 있다. 그럼에도 불구하고 DX를 하는 데 있어 퍼블릭 클라우드는 필수적인 환경이 되었다.

DIGITAL
DIGITAL
DIGITAL
DIGITAL
DIGITAL T
DIGITAL TR
DIGITAL TRA
DIGITAL TRAN
DIGITAL TRANS
DIGITAL TRANSFO
DIGITAL TRANSFOR
DIGITAL TRANSFOR

4부

DX
사례 모음

27. 비즈니스 모델 개발시 주의할 사항

DX를 적용할 수 있는 분야는 우리 주변에 너무나 많다. 리테일, 금융, 제조 등 오프라인 중심의 사업은 이를 온라인으로 확대하는 것만으로도 디지털 전환의 사례가 된다. 제조업의 경우에도 제품을 생산하는 것을 넘어 제품을 사용하는데 필요한 디지털 서비스의 제공도 DX 사례로 볼 수 있다. 특정 제조사가 자사 쇼핑몰을 통해 유통에 참여하는 것도 DX 사례라 볼 수 있으며 오일, 가스, 광산, 전기, 수도와 같은 디지털과 무관한 분야에서의 운용 효율화도 DX 사례가 될 수 있다. 그밖에 빌딩, 공장, 도시, 집과 같은 부동산 영역에서의 공간의 디지털화 역시도 DX사례이며 거래 공간을 온라인 플랫폼으로 구축하는 것도 당연히 DX 사례이다. 이밖에 물류, 운송 분야의 사례도 무척 다양하고 심지어 농업 분야에서도 디지털 전환이 일어나고 있다.

앞으로 몇 차례에 걸쳐 업종별 DX 사례를 살펴볼 예정이다. 사례를 알아보기 전에 사업 모델을 디지털로 전환할 때의 유의점부터 살펴보자. 디지털 기반의 사업 경험이 없는 기업일수록 여기에서 언급할 유의점은 무척 중요하고 반드시 기억해야 할 것들이다. 나중에 다시 한번 더 밝히겠지만 디지털 전환은 결국 기존의 잘나가는 IT기업들과 경쟁을 해야 하는 일이기 때문에 디지털 기반의 사업 경험이 없는 기업일수록 더더욱 집중해야 한다.

모든 온라인 서비스의 출발은 기획이다. 무엇을 만들 것인지 큰 방향이 설정되었다 하더라도 구체적으로 고객에게 전달되는 과정은 아주 세밀하게 기획되어야 한다. 그러기 위해서는 기획한 서비스를 구현할 앱 그리고 이를 가동시킬 서버 등이 필요하다. 그리고 서비스가 시작되면 서비스 종료 전까지 운영과 유지보수가 필요하다. 이 과정은 계속적인 비용이 들어가는 일이기도 하다. 그렇기 때문에 출시한 서비스가 손익분기점을 넘을 때까지는 지속적인 투자가 수반되어야 한다. 서비스 런칭 이후에는 서비스를 이용하는 고객의 반응을 확인하고 지속적인 업그레이드도 필요하다. 외부의 새로운 서비스와의 연동이 있을 수도 있고, 앱이 구동되는 스마트폰의 운영체제가 버전업 되면서 이에 대한 대응을 긴급하게 해야 하는 경우도 있다. 시장에서 주목받는 새로운 스마트폰이 출시되거나 지금까지와는 전혀 다른 새로운 폼펙터(하드웨어 스펙)가 선보이면 해당 기기에서도 잘 구현되는지 테스트를 해야 한다. 이후 대대적인 기능 추가가 필요하다면 간단한 유지보수 정도가 아니라 새롭게 개발을 해야 할 수도 있다. 이 또한 새로운 비용 투자로 연결된다. 그리고 서비스 종료에 대한 고민도 미리 해두어야 한다. 서비스를 출시할 때에는 모두가 성공하기를 바라지만 실제로는 성공한 서비스보다 실패한 서비스가 더 많다. 그렇기 때문에 서비스를 종료할 때 시장에서 철수하기 쉬운 구조로 미리 설계해둘 필요도 있다. 그리고 경우에 따라서는 서비스 철수 이후 고객들이 자신들의 데이터를 한동안 내려받을 수 있도록도 해야 한다. 이런 구조를 처음부터 고려해서 기획한다면 서비스를 종료할 때 보다 간편하게 빠져나올 수가 있다.

개발이 제대로 되어야 하는 건 두말하면 잔소리다. 개발 결과로 나온 서비스의 품질은 비즈니스 연속성에 가장 기본이 되는 것으로 모바일 서비스 개발 자체를 잘하는 것은 비즈니스의 시작점이라고 할 수 있다. 모바일 서비스를 만들 때 가장 중요하게 살펴봐야 할 지점은 고객이 처음 사용을 위해 진입하는 과정이다. 첫 설계가 엉망이면 바로 고객 이탈이 발생한다. 즉시 그리고 쉽게 사용할 수 있도록 만드는 것이 중요하다. 사용자의 멈춤 없는 서비스 이용을 위해서라면 서버에 대한 고민도 필수다. 서버는 기본적으로 앱에 대한 요구 사항을 수용하고, 최신 기술을 지속적으로 적용할 수 있어야 한다. 퍼블릭 클라우드를 사용하는 경우라면 최신 기술 적용이 쉽다. 그리고 서버에서 독자적인 프로토콜이나 비표준의 방식을 채택하는 일은 없도록 해야 한다.

서비스 운영에 대한 고민도 필요하다. 앱과 서버가 만들어지면서 동시에 늘어나는 업무가 바로 품질 검증 같은 업무이다. 앱 자체에 대한 검증, 서버 성능 평가 등 늘어나는 요소에 대한 품질 검증이 필요하다. 그다음으로는 24시간 운영 체제를 갖추는 일이다. 물론 서비스 속성에 따라 다르지만 모바일 중심으로 사용하는 고객은 보통 24시간 어느 때라도 접속할 가능성이 높으므로 문제 발생의 가능성을 줄이고, 문제가 발생하더라도 즉각 대응할 수 있는 체계를 갖추는 것이 중요하다. 만약 서버에 오류가 발생해 접속 자체가 먹통이 되는 상황이 연출된다면 서비스에는 치명적이다. 개발과 운영 단계 모두에서 꼼꼼한 점검과 설계가 이루어져야 한다. 그렇기 때문에 모바일 앱을 출시하기 전 만약에 사태에 대비한 최소한의 정보 공지가 가능한 페이지도 만들어야 하고, 앱 접속을 강제로 우회할 수 있는 통로도 만들어야 한다. 그리고 경우에 따라 푸시(Push) 메시지로 현재 상황을 공유할 수도 있어야 한다.

마지막으로 C/S 체계이다. 기존 주력 사업에 새로운 모바일 서비스가 기업 비즈니스 영역에 추가되면서 이에 대한 고객 질문의 범위도 상당히 넓어졌다. C/S 체계를 아주 잘 갖추었다고 하더라도 이전과는 다른 수준의 질문들이 들어올 수 있다. 그래서 별도의 매뉴얼을 준비하고 필요시 고객 응대를 수행하는 직원들의 교육이 선행되어야 한다. 질문의 양이 많거나 서비스 사용 인원이 많다면 전담 인원을 배치하는 것도 고려해야 한다. 지속적인 관리에 대한 고민도 해두어야 한다. 우선 컴플라이언스(Compliance, 준법 감시) 이슈에 대응하는 문제를 생각해보자. 다양한 규제와 개인정보 보호를 위한 장치, 이를 위한 인증 등 고려해야 할 요소가 많다. 어떤 데이터를 서버에 보내고, 어떤 데이터를 모바일 기기에만 보관 또는 처리하고 폐기할지 등등. 컴플라이언스 관점에서 설계를 꼼꼼히 해야 한다.

그다음으로 보안이다. 지속적인 보안 점검은 필수적인 활동이다. 하지만 많은 기업들이 이런 업무를 위해 보안 전문 인력들을 고용하면서까지 점검할 수는 없기 때문에 가능하면 글로벌 업체의 서비스나 인프라를 활용한다. 마지막으로 미래에 대한 끊임없는 준비도 놓치지 말아야 한다. 모바일 서비스는 출시일이 비즈니스의 시작일이다. 그만큼 지속적으로 기능을 개선해 나가야 하고, 기술 변화에도 재빨리 대응해야 한다. 지금까지 주력 사업에서 해왔던 프로세스만 생각해서는 민첩성을 갖출 수 없으니 일하는 방식부터 프로세스 모두를 바꾸어야 한다. 새로운 방식으로 일을 하고, 데이터를 보면서 의사 결정을 하고, 고객의 행동 데이터를 모니터링하면서 디지털이라는 수단으로 서비스를 지속 발전시켜야 한다.

이처럼 모바일 서비스 기반의 비즈니스로 새롭게 진입하고자 하는 경우 지금까지 경험하지 못했던 다양한 고민들이 필요하다. 우리는 지금 DX를 이야기하고, 새로운 비즈니스 모델로의 모바일 서비스에 대한 설명을 하였지만 실제 기업 입장에서 모바일 서비스는 시장 관점에서 본다면 결국 IT 기업과의 경쟁에서 이겨야 하는 싸움일 수밖에 없다. 그렇기 때문에 IT 기업들의 모든 활동들을 빨리 쫓아가는 것이 경쟁력을 높이는 길임을 이해해야 한다. 모바일 비즈니스가 앱 하나 정도를 만드는 것처럼 보이겠지만 그 안에는 하드웨어를 제조하거나 건물을 짓는 것 이상의 복잡한 과정이 숨어 있음을 명심해야 한다.

28. DX 사례: 비즈니스 모델 개발(1)

이번 글부터는 실제 각 기업의 성공 사례를 하나씩 소개하고자 한다. 맨 먼저 비즈니스 모델을 아예 새롭게 전환하거나 추가한 기업의 사례를 먼저 설명할 것이고, 이어서 디지털을 통한 운영 효율화에 성공한 기업들을 소개해보겠다.

스타벅스

리테일 분야의 DX 성공 사례는 아주 다양하다. 그러나 수많은 리테일 기업들 중 단, 하나를 꼽으라고 한다면 단연 스타벅스를 이야기하지 않을 수 없다. 스타벅스는 DX를 통해 비즈니스 모델 혁신을 이루었을 뿐만 아니라 실제 경영 실적도 개선되었다. 스타벅스는 2021년 1분기 결산 순이익이 지난해 같은 기간보다 약 2배 많은 6억 6800만 달러(약 7822억 원)를 기록했다. 코로나19 이전인 2019년 동기 대비해서도 크게 개선된 결과다. 이를 가능하게 한 핵심 원동력은 바로 스타벅스의 디지털 플라이휠(Digital Flywheel) 전략이다. 우리에게 별 적립, 무료 음료 쿠폰, 멤버십 등급 등으로 알려진 리워드 프로그램, 선불카드에 충전하여 사용하는 스타벅스 페이, 모바일을 통한 손쉬운 주문 사이렌 오더 그리고 다양한 고객들의 맞춤형 주문을 위한 개인화 영역인 나만의 메뉴가 이 디지털 플라이휠의 구성 요소이다.

더불어 이를 지원하기 위해 인공지능 플랫폼인 딥 브루(Deep Brew)도 큰 역할을 담당하고 있다. 딥 브루는 AI로 고객들의 성향을 파악해 메뉴를 추천하거나 날씨와 매장별, 시간대별 인기 메뉴를 추천한다. 그리고 매장을 효율적으로 운영하기 위해 몇 명의 바리스타가 필요한지도 계산한다. 온라인과 오프라인 전체 주문량과 실제 고객들에게 해당 주문의 커피가 제공되는 시간을 복합적으로 계산하면 일정 패턴이 나온다. 이를 기반으로 매장 직원이 몇 명이어야 효율적인 고객 경험을 제공할 수 있는지도 계산해 낸다. 그리고 스타벅스 고객의 30%는 드라이브스루를 통해 커피를 구매하고 있는데, 이 드라이브스루의 고객 경험 향상에도 딥 브루가 큰 역할을 담당하고 있다. 이전과 달리 매장 밖 6km까지 주문 가능 거리를 확대했고, 고객들이 모바일로 주문하면 곧바로 드라이브스루를 통해 받을 수 있도록 계산하는 역할도 하고 있다.

스타벅스 메뉴에서 고를 수 있는 품목은 전 세계에서 약 8만7천 가지 정도가 된다고 한다. 일부 상품을 제외한 대부분이 식재료나 음식들이기 때문에 조금만 계산을 잘못해도 많은 품목의 운송과 보관이 어려워질 수 있다. 이런 환경에서 딥 브루는 효율적인 재고 관리를 지원해 매장 운영 비용을 줄여주는 역할도 수행한다. 매장에서 고객들이 모바일로 주문하는 데이터는 곧바로 스타벅스 본사로 전송돼 수요 예측과 재고 관리에 직접적인 도움을 준다.

마지막으로 스타벅스는 데이터 관리에도 남다른 수준을 자랑한다. 스타벅스는 자체 POS를 사용하고 있다. 그래서 모든 주문 정보의 데이터를 자신들이 수취하고 활용한다. 그리고 여기에 그치지 않고 신용카드사들이 특정 매장의 매출을 추정할 수 없도록 데이터도 통제한다. 이는 국내 다른 커피 브랜드와는 크게 다른 점이다. 즉, 한국의 모든 스타벅스 매장의 신용카드 결제는 스타벅스 코리아 한 곳으로만 데이터가 모이고 결제가 된다. 그래서 스타벅스 자신을 제외한 그 어떤 외부 사업자들도 스타벅스의 데이터를 정확히 들여다볼 수 없도록 해놓았다. 이러한 구성을 위해서는 상당한 투자가 수반될 수밖에 없는데 이는 스타벅스가 자신들의 데이터를 중요한 자산으로 취급하고 있다는 반증이다.

아마존, 월마트

아마존의 DX 사례는 너무나 많지만 리테일 분야로 한정한다면 아마존 고(Amazon Go)가 있다. 기존 리테일 매장은 고객이 매장에 방문하여 여러 진열대에서 상품을 고르고 카트에 담는 행동을 반복한다. 그 뒤 쇼핑이 끝나면 계산대로 이동하여 점원에게 물건을 건네주고, 점원은 이를 받아서 개별 상품의 바코드를 찍고, 전체 계산 금액을 확인한 뒤 결제를 진행한다. 최근 무인 계산대가 많이 도입되기는 했지만 여전히 사람들은 계산대 앞에 길게 줄을 서서 자신의 결제 순서를 기다린다.

아마존 고는 이런 일련의 쇼핑 과정을 디지털 기술을 활용하여 극복하고자 한다. 우선 매장에 입장할 때 고객이 누구인지 식별하는 과정부터 거친다. 출입문에 스마트폰 앱을 태그하면 누가 입장했는지 바로 알아차린다. 그런 다음 쇼핑 카트에 물건을 담을 때마다 설치되어 있는 카메라가 어떤 상품을 담았는지 자동으로 체크하고 장바구니 시스템에 넣어준다. 고객은 이런 과정을 거쳐 쇼핑이 끝나면 물품을 계산하는 과정을 따로 거치지 않고, 바로 매장을 빠져나온다. 카트에 담았던 상품 금액만큼 미리 등록해 둔 신용카드로 자동 결제가 되는 것이다. 확인 버튼만 누르면 된다. 그리고 자동으로 매장 진열대 남아 있는 상품 수량을 계산해 직원들에게 자동으로 재고 관리를 지시한다.

일반 매장에서 많은 사람의 손을 필요로 하던 일이 디지털로 전환되면서 계산이라는 절차가 획기적으로 줄어들었다. 아마존고가 완벽하게 구현된다면 고객들은 매장을 24시간 방문해서 상품을 그냥 집어서 넣고 나오기면 하면 된다. 계산을 위해 줄을 길게 서는 수고는 더 이상 하지 않아도 되고, 번거롭게 지갑이나 신용카드를 들고 다니지 않아도 된다.

아마존이 아마존고로 매장의 DX를 추진하고 있다면 리테일 매장의 전통 강자인 월마트도 비슷한 시도를 하고 있다. 바로 월마트 인텔리전트 리테일 랩(IRL, Intelligent Retail Lab)을 통해서이다. 월마트 IRL도 아마존 고와 비슷한 경험을 제공하고자 고객 입장부터 쇼핑 후 나가는 과정 전체를 다양한 카메라와 센서로 고객 경험을 높이고 있다.

아직 초기 단계이기는 하지만 양대 브랜드가 이러한 시도를 본격적으로 시작했으니 멀지 않은 시기에 우리 일상으로 다가오지 않을까 기대해본다. 이처럼 리테일 분야의 DX는 디지털 기술을 이용해 기존 비즈니스의 가장 큰 문제를 해결하는 방향으로 진화하고 있다. 매장 내 계산 때문에 대기하는 시간을 줄여 쇼핑 시간을 짧게 줄이고, 매장 운영에 필요한 인력들을 효율화하며 매장 내 재고 정보를 실시간으로 파악하게 한다. 이렇게 되면 24시간 무인 매장 운영이 가능해진다. 지금은 몇몇 특정 매장에서 시범적으로 실시하고 있지만 이런 기술이 보편화 된다면 자동차에 컨테이너를 실어 움직이며 물건을 판매할 수 있는 이동형 매장도 곧 등장할 것이다. 이때 자동차마저도 무인화가 된다면 완벽한 디지털 환경을 경험하는 것이라 할 수 있다.

나이키, LF

나이키나 LF처럼 패션 분야에서 직접 제조를 한 뒤, 오프라인 매장에서 자사 쇼핑몰을 통해 유통하는 사례는 우리 주변에서 쉽게 찾아볼 수 있다. 특히 코로나19 이후 오프라인 매장의 매출이 줄면서 온라인으로의 확대는 기업 생존 측면에서도 중요한 요소가 되었다. 물론 이런 기업들이 이전에도 온라인을 통한 판매를 하지 않았던 것은 아니다. 규모가 큰 기업들 중 상당수는 중간 유통인 총판을 두고서 여러 판매 채널로 위탁 판매를 해왔다. 온라인으로 판매할 때도 온라인 유통 사업자를 지정하고 그들에게 오프라인과 동일하게 물건을 도매로 넘기면 그 이후 해당 유통 사업자들이 온라인 채널을 통해 판매하는 방식이었다.

이 같은 유통 구조는 오프라인 중심으로 사업을 영위해온 제조 기업들이 온라인 사업에 적극적으로 나서지 못한 배경이 되기도 했다. 여기에는 기업 내부의 반발도 있었다. 독자적으로 온라인 유통을 강화하거나 온라인 지원을 확대할 경우 지금까지 오랫동안 구축해온 기존 유통망과의 충돌이 불가피하고, 그렇게 되면 기존 거래처의 반발이 클 수밖에 없다는 배경 때문에 신사업 일환으로 온라인 유통을 직접 시작하더라도 내부 조직으로부터 지원을 받는 것은 현실적으로 어려웠다. 게다가 기존 오프라인 담당 조직들의 KPI는 여전히 매출 확대에 있는데 온라인 사업이 확대된다면 이들의 KPI 달성이 힘들어지는 것은 불 보듯 뻔한 일이었다. 이러한 기업 내 역학 구도 또한 신사업을 확대하는 데 많은 걸림돌이 된다. 이런 상황에서 독립된 온라인 비즈니스를 위해 자체 인력을 꾸려나간다는 것은 큰 도전일수밖에 없다. 하지만 다양한 기술의 발전과 기업에서 활용할 수 있는 여러 도구들이 함께 등장하면서 이런 문제들이 이전보다 쉽게 해결되기 시작했다. 여기에 코로나19로 인한 온라인 수요의 폭발적인 증가는 지금까지의 온라인 확대를 소극적으로만 고민하던 기업들에게 본격적인 진출 이유를 만들어주었다. 실제로 짧은 기간 안에 가파른 성장세를 만들어가는 기업도 생겨나고 있다.

　나이키는 북미 지역에서 코로나19 기간 동안 오프라인 매장의 매출보다 더 많은 매출이 자사 쇼핑몰에서 이루어졌고 점점 더 그 영향력을 키워가고 있다. 국내 기업인 LF 또한 나이키와 마찬가지로 오프라인 매장 판매와 위탁 운영 정도의 소극적 대응에서 자사 쇼핑몰을 통한 고객들의 주문이 확대되는 상황을 보고 온라인 비즈니스의 중요성을 인식하고 점점 더 온라인 매출을 키워가고 있다.

제조사들이 자체 온라인 쇼핑몰이 가지게 되면 어떤 장점이 생기는 걸까? 우선 제조사가 직접 쇼핑몰을 만들고 운영함으로써 고객들에게 신뢰를 심어줄 수 있다는 점이 있다. 이는 나이키는 물론이고 LF의 닥스처럼 진품과 가품이 시장에서 존재하는 브랜드라면 제조사의 쇼핑몰을 이용해 조금 더 비용을 지불하더라도 안전한 정품을 구매하는 것이 낫다는 심리적인 안정감을 준다. 이외에 자신들의 쇼핑몰을 통해 일종의 가격 기준을 다른 유통 채널에 제시할 수 있다는 장점도 있다. 유통 채널 간 무리한 가격 경쟁으로 브랜드 가치가 하락하는 것을 방어할 수 있는 것도 제조사 쇼핑몰의 중요한 역할이다. 마지막으로 고객과의 접점을 직접 만들게 되면 고객들의 행동과 기대에 대한 데이터를 직접 확보하고, 이를 활용하여 다양한 비즈니스 확대를 고려할 수도 있다. 신제품을 개발하거나 기존 제품의 빠른 소진을 위한 프로모션 진행에도 이러한 데이터를 활용할 수 있다.

제조사의 온라인 비즈니스로의 모델 전환은 지속 가능한 DX의 전형적인 모습이다. 각 기업들은 자신들의 핵심 역량인 디자인과 제조 능력을 기반으로 온라인 유통까지 직접 뛰어듦으로써 더욱더 시장 지배력을 높이는 계기로 삼고 있다. 더불어 지금까지 물건을 판매하고 매출을 확대하는 것만을 목표로 했다면, 이제는 직접 고객들과 소통하고 이들의 데이터로 새로운 비즈니스 기회를 모색하는 것도 가능한 일이 되었다. 다만 모든 제조사가 이러한 온라인 유통 비즈니스에서 성공하는 것은 아니다. 앞서 살펴본 것처럼 DX에 성공하기 위한 여러 고민을 충분히 실행한 회사만이 의미 있는 결과물을 만들 수 있다.

29. DX 사례: 비즈니스 모델 개발(2)

호텔 비즈니스와 메리어트

지금까지의 호텔 비즈니스는 부동산과 서비스업의 결합이었다. 물론 객실 상품을 판매하기 위해 호텔 자산 관리 시스템(PMS, Property Management System)을 도입하고, 다양한 호텔 예약 서비스들과 연동하거나 자사 홈페이지를 통해 직접 회원 멤버십을 운영하고, 예약 판매를 하는 등 일정 수준의 디지털 전환은 오래전부터 진행되어 왔다. 그럼에도 불구하고 호텔 비즈니스는 여전히 고객들에게 브랜드 인지도를 높이고, 높은 품질의 고객 서비스와 오프라인 중심의 부가 서비스 판매하는 것이 핵심 사업이다.

그러나 최근 호텔 객실에도 다양한 디지털 기술이 도입되면서 새로운 변화가 일어나고 있다. 대표적으로 에너지 절감과 사용자 편의를 위한 기술 도입 등을 들 수 있다. 사물인터넷 기술을 도입하여 조명이라든지 냉난방을 손쉽게 제어

하고 기상 시간에 맞춰 블라인드가 자동 조절되는 호텔이 늘고 있다. 더불어 호텔 출입 시 가장 번거로운 것이 바로 룸 출입을 위한 카드키 이용인데, 이 또한 모바일 앱을 통해 손쉽게 출입이 가능하도록 하고 있다. 이들 호텔의 모바일 앱은 도어락 해제가 주 목적이지만 투숙 기간 동안 앱을 통해 다양한 호텔 서비스 신청과 호텔이 위치한 지역의 다른 서비스와의 연계도 제공한다. 이는 중장기적으로 볼 때 새로운 비즈니스 모델로의 전환이 일어날 수 있는 대목이다. 즉, 기존의 컨시어지 서비스를 통한 여행 상품 중계 수준을 넘어서 호텔에 체류하는 동안 필요한 모든 서비스를 중계하는 접점으로 모바일 앱을 사용하게 되면 고객 만족도를 높이는 것은 물론이고 서비스 중계에 따른 중계 수수료까지 얻을 수 있는 것이다. 지금까지의 호텔은 숙박 서비스에 초점을 맞추었다면 DX를 이용하게 되면 숙박객들을 위한 플랫폼으로써 역할을 수행할 수 있고 이는 또 다른 비즈니스 모델로도 활용될 수 있다.

메리어트 호텔을 예로 살펴보자. 메리어트 호텔은 객실에서 아마존의 에코(Echo) 스피커를 사용할 수 있도록 하였다. 미국 기준으로 본다면 많은 호텔 투숙객들이 이미 각 가정에서 아마존 에코 스피커를 통해 알렉사(Alexa, 아마존이 개발한 인공지능 플랫폼) 서비스를 이용하고 있다. 음악 듣기부터 기본적인 검색, 생활 편의 정보를 얻는 경험을 하고 있다. 이런 경험을 가정이 아닌 호텔에서도 그대로 이어갈 수 있도록 했으며, 이와 결부시켜 여러 가지 비즈니스 모델 변신도 함께 꾀하고 있다.

어떤 비즈니스 현장이든 고객을 중심으로 하는 연결이 일어난다면 그 접점에서 다양한 수익 모델이 생겨날 수 있다. 지금은 단순히 스피커 수준의 도입이지만 넷플릭스 같은 OTT 서비스나 자체적인 음식 배달 서비스를 운영하거나 배달의 민족과 같은 서비스와 연계하여 호텔과의 접점을 만들게 된다면 이 또한 호텔의 주요한 수익원이 될 수 있다. 특히 국내 여행객이 아닌 해외 여행객을 주요 고객으로 생각해보면 호텔에서 제공하는 서비스를 선호할 수 밖에 없고, 외국어 소통에 대한 어려움도 해결이 된다.

공유경제 서비스와 테슬라

이제는 주변에서 쉽게 찾아볼 수 있는 공유경제 서비스는 전통적인 비즈니스 모델을 디지털 기술과 결합하여 새롭게 변화시킨 사례라 할 수 있다. 우버, 리프트, 카카오택시, 타다와 같은 차량 공유 서비스들은 기존의 개인 차량 또는 택시를 쉽게 이용할 수 있도록 플랫폼을 통해 해당 차량을 중계하는 서비스를 제공하고 있다. 이처럼 자신들의 차량 없이도 일반 고객들의 차량을 중계 플랫폼으로 연동하여 출발한 것이 공유 경제의 시작이었다. 그러나 이런 모델은 DX 관점에서 변화라고 보기에는 모호하다. 기존 제조사가 직접 서비스 사업으로 진출하여 만들어 낸 결과물이 아니라 새로운 플랫폼 사업자가 DX 기술을 활용하여 비즈니스를 확대한 사례이기 때문이다. 하지만 지금은 GM이나 현대자동차 같은 자동차 제조사들도 차량 공유 서비스의 진출과 공유 서비스 기업에 직접 투자를 하고 있다. 자동차 제조사의 이런 움직임은 단순히 제조업으로만 사업 영역이 머무는 것이 아니라 서비스 비즈니스로의 확대를 고려한 확장이라 할 수 있다. 이들이 앞으로 시장에서 어떤 결과를 만들어 낼지는 관심 있게 지켜볼 대목이다.

자동차 제조사이지만 서비스로의 전환을 가장 잘 해내고 있는 대표적인 기업으로 테슬라를 들 수 있다. 시장에서는 테슬라를 전기자동차 제조사가 아니라 모빌리티 데이터 회사라고 평가하고 있다. 테슬라는 전기자동차를 만들어서 판매하면서 자율주행 서비스를 별도로 옵션 판매하고 있다. 새롭게 출시되는 자동차뿐만 아니라 이전에 판매한 제품까지도 필요한 경우 이러한 서비스가 가능하도록 처음부터 고려해서 자동차를 팔고 있다. 자동차를 단순 제조 관점에서만 보았다면 이런 발상을 하지 못했을 것이다. 하지만 테슬라는 처음부터 스마트폰처럼 전기자동차를 디바이스로, 자율주행 서비스 등을 별도의 운영체제로 고려하고 설계했다. 이점이 이전의 자동차 제조사들과 다른 점이라 할 수 있다.

테슬라는 하드웨어 성능 또한 서비스로 제공하고 있다. 즉, 동일한 자동차(하드웨어)를 샀음에도 불구하고, 옵션 선택에 따라 엔진 출력과 기능이 다르게 셋팅되어 있다. 그리고 이를 하드웨어가 아닌 소프트웨어적으로 제공한다. 테슬라는 여기에 그치지 않고, 미국을 시작으로 자체 보험 서비스도 하고 있다. 차량 소유자들의 운전 습관 데이터를 상당수 확보하고 있어서 다른 보험사 대비 경쟁력 있는 서비스와 가격을 제시하고 있다.

마지막으로 테슬라는 자신들의 전기 자동차를 중장기적으로 무인 택시로 탈바꿈하는 그림을 그려가고 있다. 테슬라 소유주가 하루 중 출퇴근 시간에만 차량을 이용한다고 가정해 본다면 이용하지 않는 시간에는 차량이 알아서 도로를 돌아다니면서 무인 택시 서비스로의 역할을 수행하고, 여기서 얻는 이익은 차량 소유주와 테슬라 회사가 나눠 가지는 모델이다. 테슬라는 이처럼 단순 제조가 아닌 자신들의 차량을 접점으로 만들어낼 수 있는 다양한 서비스를 판매하는 비즈니스 모델로 자신들의 영역을 점진적으로 확대하고 있다. 제조 관점에서 본다면 DX를 활용한 비즈니스 모델의 진화로 평가할 수 있다.

캐터필러, 롤스로이스

세계 최대 중장비 회사인 캐터필러와 항공기 엔진 제조사인 롤스로이스는 자신들이 강점을 가진 중장비와 항공기 엔진에 다양한 센서를 부착하고, 이를 통한 유지보수 모델의 진화와 예지 정비 기술을 통해 새로운 비즈니스 모델로의 변화를 꾀하고 있다. 중장비와 항공기 엔진 모두 사용자 입장에서는 해당 기기를 하루라도 이용하지 못하게 되면 경제적인 손실이 막대하다. 중장비의 경우 해당 중장비로 인해 공사 납기가 지연되면 이는 고스란히 중장비를 사용하는 사업자의 손실로 이어진다. 항공기 또한 마찬가지다. 하루 운항이 중단되면 항공사가 입게 되는 손실뿐만 아니라 고객 서비스 차원에서도 막대한 손해가 발생한다. 뿐만 아니라 고장이 발생했을 때 해당 기기들을 얼마나 빨리 수리하느냐도 무척 중요한 일에 해당된다.

캐터필러의 중장비는 도심이 아닌 오지나 교통편이 어려운 곳에서도 작업하는 경우가 많다. 이런 경우 사전에 고장 원인을 알 수 있다면 수리에 필요한 정확한 부품을 재빨리 수급하고 이로 인해 수리 시기 또한 단축시킬 수 있다. 일반

가전제품의 경우 A/S 과정에서 발생하는 비용의 상당수가 첫 방문 때 해당 수리 부품을 가져오지 못해 재방문하면서 발생한다고 하니 고장 원인을 정확히 파악하는 것은 제조사와 이를 사용하는 고객 입장에서도 모두 중요한 요소이다.

DX 기술을 활용하게 되면 이런 문제를 한번에 해결할 수 있다. 기기의 주요 요소에 다양한 센서가 부착되면 실시간으로 제조사의 중앙 관제 센터로 데이터가 전송되고, 평소에는 큰 문제 없이 사용하다가도 이들 센서가 보내주는 데이터 이상이 감지되면 곧바로 운전자에게 이 사실을 고지하고 사전에 정비를 받도록 한다. 단순히 기기만 구매하였을 때와 비교하면 비용이 더 발생할 수도 있지만 고장에 따른 손실을 고려한다면 나쁘지 않은 선택이 된다. 이로 인해 고장 예지 서비스 시장은 해가 갈수록 점점 더 커지고 있다. 그리고 제조사 입장에서는 센서로부터 입수되는 다양한 데이터를 AI로 분석하여 원인과 증상을 정확하게 판단한다. 제조사나 고객 모두에게 이득이 되는 DX 비즈니스 모델의 진화 사례라 할 수 있다.

다이킨, LG전자 에어컨

앞서 중장비를 만들고 있는 캐터필러, 항공기 엔진을 만들고 있는 롤스로이스의 경우 한번 고장이 발생하면 엄청난 손해가 발생하는 것을 사전에 정비받을 수 있는 모델로 고객들에게 많은 인기를 얻고 있다고 했다. 이와 비슷한 방식으로 일상에서 사용하는 가전제품에도 적용되는 예가 있다. 대표적으로 빌딩마다 들어가게 되는 시스템 에어컨이 있다.

글로벌 에어컨 시장의 선두를 달리고 있는 다이킨과 LG 전자는 앞서 소개한 것과 비슷한 방식으로 에어컨에 대한 원격 관제와 데이터를 기반으로 사전 예지 정비까지 별도의 서비스 모델로 구축하고 있다. 그리고 에어컨 실내기와 실외기에 다양한 데이터를 수집할 수 있는 센서를 설치하고, 이들 센서 데이터를 거의 실시간으로 중앙 관제 센터로 보낸다. 그러다가 이상이 감지되는 현장이 있다면 사전에 고지하고, 심각한 고장이 발생하기 전에 정비와 부품 교체까지도 진행한다. 실제 대형 빌딩에 들어가는 시스템 에어컨(또는 칠러 제품)의 경우에는 실외기만 하더라도 수십 대에 이르는 등 아주 복잡하게 구성되어 있다. 만일 10대의 실외기가 있는데 이 중 한 대가 이상 증상을 보이면 나머지 9대가 정상 작동을 하면서 건물에서 느끼는 체감적인 냉방 성능에는 문제가 없도록 한다. 바로 원격 관제를 통해서 해결하는 방식이다. 한 대의 고장으로 연쇄적인 고장을 사전에 차단하고, 에어컨 고장으로 해당 건물에 입주한 고객들의 피해가 일어나기 전에 사전에 정비하는 기술, 이것이 바로 AI와 빅데이터를 활용한 예지 정비 서비스의 핵심이다. 일종의 건물에 설치된 에어컨 건강검진 서비스 같은 것으로 볼 수 있다.

이처럼 단순 판매를 넘어 판매 이후에도 고객들과 소통하면서 서비스 매출을 일으키는 변화가 실제로 가파른 성장세를 보이고 있다. 제조사 입장에서도 이러한 서비스 매출이 더 중요해진 이유가 제품의 재구매 시점을 정확하게 알려주기 때문이다. 에어컨만 하더라도 5년~10년 기준으로 제품 교체 수요가 발생하는데 그동안 일상적인 서비스를 받아온 고객이라면, 교체 시기에 다른 제조사를 선택하는 일은 아무래도 줄어들 수밖에 없다.

존 디어

존 디어라는 브랜드로 알려져 있는 미국의 농기계 제조 회사인 디어 앤 컴퍼니는 1869년 설립된 세계 1위 농기계 제조 기업이다. 앞서 언급한 다른 제조사들과 마찬가지로 DX 기술을 활용하여 새로운 비즈니스 모델을 만들어 냈고, 이제는 제조와 서비스 모델로까지 모두 안정적으로 확대해 나가고 있다.

존 디어의 고객은 농부들이다. 존 디어는 농부들이 가지고 있는 어려움에 주목하고 이전까지는 단순히 농기계를 판매하는 데에 집중하였다면, 지금은 독자적으로 데이터를 분석하고 농기계를 더 잘 활용할 수 있도록 작물 정보를 분석하고 이를 바탕으로 추천 작물이나 파종 시기 등을 알려주는 서비스를 제공하고 있다. 데이터 기반의 서비스 제공을 통해 고객들이 조금이라도 더 높은 수익을 거둘 수 있도록 지원하고 있다고 볼 수 있다.

최근 존 디어는 무인 농기계로 자신들의 서비스를 확대하고 있다. 농부들이 직접 땅을 밟지 않고서도 농지를 경작할 수 있도록 다양한 디지털 기술들을 도입해서 제공한다. 위성을 이용한 위치 정보 전송, 작물 스캐닝, 경작 이력 전송, 운전석을 대신하여 레이더와 영상카메라 활용하고 GPS 탑재하여 실제 사람이 직접 트랙터를 몰 때보다 비료 사용도 절감시켜 준다. 결과적으로 사무실에서 원격으로도 여러 대의 농기계를 운영할 수 있도록 도와주고 있다. 미국의 경작 환경은 드넓은 땅에 특별한 장애물이 없기 때문에 고도로 발달된 기술이 아니더라도 충분히 무인화가 가능하다.

이처럼 존 디어는 고객 경험을 혁신하면서 단순 농기계 제조 기업에서 작물 재배 정보 제공 및 종합 농업 컨설팅 서비스 기업으로 비즈니스 모델 자체를 바꾸고 있다. 데이터에서 새로운 수익 모델을 발견하고 비즈니스를 끊임없이 혁신해 나가고 있는 존 디어는 일반 제품에서 스마트 농기계를 넘어 통합 솔루션을 제공하는 디지털 플랫폼으로 사업을 전환하고 있다. 최근 존 디어는 토지 샘플링 분석, 농기계 각종 센서 데이터 분석, 현장 날씨, 습도 및 예보 분석, 위성 사진 및 드론 촬영 사진 분석 서비스로 그 범위를 확대하고 있다. 실제로 농부들은 이 솔루션을 통해 농장 관리 비용의 15% 절감하고, 생산량은 15% 증가를 이루었다. 존 디어의 사례도 전통적인 제조 기업에서 서비스 모델로의 DX를 활용한 비즈니스 전환이라고 할 수 있다.

삼성 Ads

삼성전자는 반도체와 가전제품 판매를 주력 사업으로 하는 우리나라 시가총액 1위 기업이다. 그러나 이런 삼성전자에도 DX를 통한 비즈니스 모델 변화를 추구한 사업 분야가 있는데 바로 삼성 Ads(광고) 부문이다. 삼성 Ads는 미국 법인에 있는 사업부로 주로 삼성 가전제품, 그중에서도 스마트 TV에 탑재되는 광고를 독립적으로 운영하는 비즈니스로 출발했다.

삼성은 처음 스마트 TV를 판매할 때는 단순히 제품 판매로만 시작했다. 하지만 판매 수량이 일정 규모 이상이 넘어가자 디바이스 플랫폼으로써의 지위를 확보하고 여기에 광고 슬롯을 독립적으로 판매하기 시작했다. 즉, 제품 판매 수익 이외에 별도의 서비스 영역으로 수익 모델을 확보한 것이라 할 수 있다. 초창기 삼성 스마트 TV의 광고는 광고 슬롯, 즉 부동산처럼 공간만 판매하고 실제 광고 집행은 별도의 대행사가 개별 기업에게 판매한 후 수익을 삼성과 나눠 가지는 모델을 취했다. 이런 모델은 인터넷이나 모바일 광고 시장에서는 아주 일반적인 모델로 대행사들이 중간에서 플랫폼 역할을 담당한다. 그런데 삼성전자는 삼성 Ads 조직을 별도로 만들고, 광고 서비스를 위한 독립된 생태계를 구축했다. 지금은 스마트 TV 이외 모바일 등 다른 기기로 영역이 확대되면서 더욱 가속화되고 있다. 그리고 자사 기기뿐만 아니라 타사의 기기까지도 포함하고 있다.

전통적인 제조사 관점에서 본다면 이는 아주 생소한 모습이다. 광고 시장이야말로 데이터 분석과 효과 검증이 필수이며, (광고)투자 대비 효과를 확실히 보여줄 수 있는 비즈니스여야 한다. 더불어 생태계로써 다른 제조사까지 참여시키고자 한다면 광고를 제작하는 것부터 실제 집행까지 많은 단계들의 기술력 또한 뛰어나야 한다. 이를 위해 삼성전자는 제조 단계에서부터 데이터를 수집하고, 실제 집행 효과를 높이기 위한 다양한 시도들을 기기 플랫폼 레벨에서 시도하고 있다. 이는 구글과 애플이 자신들의 스마트폰 플랫폼에서 다른 경쟁자와 대비해 경쟁 우위를 가지는 것과 동일하다.

이처럼 제조사의 서비스화는 데이터 분석과 이를 활용한 서비스 판매 비즈니스 모델을 넘어 이제는 고객들의 생활에까지 영향을 주는 광고시장으로 진화하고 있다.

지금까지 서비스업에서 제조업까지 디지털 전환을 통한 사업 모델을 바꾼 사례를 살펴보았다. 지금도 많은 기업들이 디지털 전환을 시도하고 있다. 특히 비 IT기업일수록 사업 모델을 바꾸고 플랫폼을 운영하는 것에 큰 어려움을 느끼고 있다. 이들은 그동안 해왔던 자신들의 사업 방식, 의사 결정의 방식 등이 달라졌음에 적잖은 당황을 하고 있다. 하지만 이곳에 소개한 기업들도 알고 보면 수많은 시행착오 끝에 지금의 모델을 만들었다고 할 수 있다. DX 담당자들과 경영진은 이 사실을 절대 잊어서는 안 된다.

30. DX 사례: 운영 효율화

신규 비즈니스로의 모델 전환이 아닌 운영 효율화를 위한 DX 사례는 너무나도 다양하다. DX를 통한 비즈니스 모델 변화는 결과물을 도출하는 데까지 오랜 시간과 많은 어려움이 뒤따른다. 하지만 운영 효율화는 상대적으로 짧은 시간 안에 그 효과를 얻을 수 있다. 실제 많은 기업들이 상당한 수준의 성과를 내고 있다. 많은 기업들이 자신들의 사례를 외부로 공개하지 않아 특정 회사를 구체적으로 거론하기는 어렵지만 이번 꼭지에서는 기업 사례 대신 비즈니스 가치 사슬을 하나씩 살펴봄으로써 DX를 어떻게 적용할 수 있는지, 실제 우리 기업에서 활용 가능한 DX가 무엇인지 찾아보고자 한다.

맨 먼저 기획 단계이다. 기획은 보통 자사의 서비스나 제품을 이용하는 고객에 대한 충분한 이해 그리고 경쟁사 분석이 중요하다. 기획을 할 때 이런 분석 데이터를 확보하는 것은 두말하면 잔소리 같은 일이다. 지금까지는 일부 고객 집단을 인터뷰하거나 기획자 자신의 주관적 경험을 중심으로 새로운 서비스나 제품 기획을 하였다. 그러나 이런 과정이 DX화가 된다면 고객들의 모든 활동을 데이터로 모니터링할 수 있게 된다. 가전제품의 경우 고객들이 자신의 제품 기능 중에서 어떤 기능을 많이 쓰는지, 어떤 기능을 안 쓰는지를 파악하여 새로운 제품을 기획할 때 불필요한 기능은 삭제하거나 잘 쓰는 기능들은 더 유용하게 만들 수 있다. 오프라인 공간의 경우 다양한 센서 기술을 활용해 고객들이 어디에 많이 머물고, 어떤 행동을 하는지를 추적하여 데이터화 할 수 있다. 일종의 히트맵(Heat Map)을 만들어 고객의 동선을 분석하는 방법이다. 그 결과 운영 비용을 절감하거나 매출을 높이기 위한 근거로 데이터가 활용될 수 있다. 지금까지 일시적인 관찰로만 진행되던 것이 상시적인 데이터 수집 과정으로 전환되는 것이다. 경쟁사를 분석하는 과정도 점점 변하고 있다. 요즘은 고객들이 쇼핑몰에서 경쟁사 제품을 구매하고 남기는 후기들도 모두 크롤링하여 분석한다. 일부 소수 집단을 대상으로 하는 FGI 방식보다 다수의 고객들이 경쟁 제품에 어떤 기능과 요소를 좋아하는지를 댓글 분석을 통해 파악하고 이를 자사 제품의 기획 요소로 활용하는 방법이다.

다음은 연구개발 단계이다. 연구개발 분야에 있어서의 DX 활용은 인력과 시간을 많이 필요로 하는 업무 중심으로 진행되고 있다. 예를 들어 로펌에서 기존 판례를 찾는 리서치 업무는 경력이 짧은 주니어 변호사들이 담당한다. 자료를 찾고 재판에 활용할 부분을 조사하는 과정을 인공지능 기술을 이용하게 되면 시간을 획기적으로 단축할 수 있다. 비슷한 유형으로 연구개발에 필요한 연구 논문을 찾고, 리서치하는 과정도 기술을 활용하게 되면 시간을 줄일 수 있다. 자연어 인지 기술이 비약적으로 발전하고 다양한 자료들이 디지털로 확대되고 있는 지금, 가장 유용하게 활용 할 수 있는 DX 기술이다. 바이오 분야에서는 심지어 신약 개발을 하는 데 필요한 후보 물질을 찾는 것도 인공지능을 이용한다. 그동안은 여러 차례 진행되는 실험 과정을 거쳐 후보 물질을 찾았다면, 지금은 컴퓨터가 시뮬레이션을 통해 후보 물질들을 추려내는 방식으로 실험을 한다. 이렇게 되면 연구 개발 속도를 획기적으로 높일 수가 있다. 이처럼 연구개발 분야에서는 주로 시간을 절약하는 방향으로 DX를 활용하고 있다.

다음은 생산 단계이다. 일반적인 제품 제조에서부터 부품, 화학, 에너지, 바이오 제품에까지 우리 주변에는 수많은 제조 공정이 있다. 이들 제조 영역에 DX 기술이 접목되면 스마트 공장이 된다. 이런 기술의 접목은 결과적으로 운영 효율화 관점에서 생산 수율을 높이거나 기업의 경제성을 높이는 활동의 핵심이 된다. 그동안은 생산 단계의 수율을 높이기 위해 숙련된 현장 엔지니어의 경험에만 의존했다. 하지만 스마트 공장이 되고서부터는 생산 공정의 데이터를 수집하고 해석해 일종의 레시피를 만들 수 있고, 이를 바탕으로 균일한 생산 품질과 수율을 확보할 수 있게 된다. 사실 생산 수율에 영향을 주는 인자는 너무나도 다양하다. 예전에는 이를 이해하기 위해 식스 시그마 같은 방법론을 사용했다. 하지만 지금은 컴퓨팅 파워가 높아졌기 때문에 공정에서 발생하는 모든 데이터를 분석하고, 영향을 주는 주요 인자를 찾아내어 하나씩 개선함으로 수율을 높여가고 있다. 수율을 높이는 방법에는 데이터 분석 외에도 시뮬레이션을 활용하는 방법이 있다. 지금까지의 생산 공정은 실제 현장에서 실행하지 않고서는 그 결과를 예측하기가 불가능했다. 그러나 최근 디지털 트윈(Digital Twin)과 같은 기술을 활용하면 실제 공정상에 발생하는 데이터를 이용해 특정 조건으로 변경했을 때 어떤 결과가 만들어지는지까지 시뮬레이션 해볼 수 있다. 즉, 실제 생산 현장에서 실험하거나 적용하지 않아도 디지털이라는 가상 환경에서 최적의 생산 방법 또는 공정 조건을 찾아내는 것이다. 이런 기술들을 활용하게 되면 중장기적으로 생산 단계의 모든 과정을 자동화할 수 있다.

　다음은 물류 단계이다. 대형 온라인 쇼핑몰처럼 효율적 물류 시스템을 갖추는 것으로 경쟁력을 높이는 사업자들이 있다. 이들은 DX를 통해 물류 창고의 프로세스를 효율화하고 있다. 대표적인 사례로 물류 창고용 로봇으로 알려진 기술이 있다. 바퀴 달린 로봇은 물류창고에서 사람이 하던 택배 발송을 패킹부터 분류작업까지 도맡아서 한다. 동작 방식은 다음과 같다. 고객의 주문이 들어오면 로봇은 물류 창고 내 해당 보관대에서 물건을 가져와 패킹을 할 수 있도록 작업대로 가져온다. 이렇게 가져온 물건들이 자동으로 박스 포장되거나 또는 일부 작업자들에 의해 합 포장되면 다시 로봇은 배송 지역에 따라 물건 박스를 옮긴다. 사람이 일일이 손으로 처리하던 일을 이제는 로봇이 대신하는 것이다. 로봇을 활용하여 운영비를 무려 20%나 절감한 기업도 있다. 기업 입장에서 본다면 매출을 일정 규모로 증가시키는 것보다 운영 비용을 효과적으로 줄이는 것이 영업 이익 개선에 더 큰 도움이 된다. 그리고 로봇이 사람을 대신해서 작업하기 때문에 실수도 줄일 수 있고, 거의 24시간 작업이 가능하기 때문에 DX 도입은 기업의 생산성 향상에 필수적인 요소로 등장하고 있다.

다음은 품질 단계이다. 제품 생산 이후 제품 자체의 품질을 검사하거나 유통된 이후 품질 수준을 인식하는 것은 완제품이든 부품이든 둘다 중요한 일이다. 그래서 이러한 품질 확보는 이미 다양한 기계 설비들을 통해서 꾸준히 해오고 있다. 카메라를 이용한 품질 체크나 가혹한 환경에서의 제품 테스트, 더 나아가 전기차에 납품되는 배터리만 하더라도 배터리 수명이 어떤 상황에서 잘 유지되는지 디지털 기술로 실시간 체크한다. 그리고 여기에 사람이 직접 하던 품질 검사를 인공지능과 같은 기술로 바꾸고 있다. 인공지능은 사람들이 지겨워하는 단순 반복적인 일을 아주 효율적으로 잘 수행할 수 있는 능력을 갖추고 있다. 그래서 24시간 연속으로 모니터를 보면서 품질 체크를 하거나 품질 검사 기기에서 나오는 사진을 판독하는 일을 사람을 대신해서 한다.

구매 단계에도 DX가 적용되고 있다. 완제품을 만들든 부품을 만들든 생산을 위해서는 원재료가 필요하다. 원재료가 수요에 따라 가격 변동이 크다면 이들의 가격 예측도 중요한 운영 효율화의 대상이 된다. 실제 많은 제조사들이 이미 부품 가격 예측 모델을 이용해 구매 협상에 나서고 있고, 이전보다 10% 이상 비용 절감을 달성하는 사례도 나오고 있다. 정확하지는 않지만 유가(油價)와 같은 에너지 가격도 추세 정도는 사전에 확인 가능한 것이 지금의 기술 수준이다. 구매 예측이 있다면 판매에 따른 수요 예측은 영업 단계에서 많이 활용되는 운영 효율화이다. 수요 예측이 되면 재고 관리가 되고 과수요를 사전에 인지하여 생산 결정을 미리 할 수 있다. 정확한 수요 예측은 신의 영역임에 분명하지만 그 추세를 사전에 인지하고 생산과 재고의 균형을 맞춰가는 데 데이터가 큰 역할을 하고 있다.

마지막으로 마케팅, 홍보, HR, 재무, 회계 분야에서도 다양한 DX 과제가 실행되고 있다. 마케팅 효과에 대한 측정, 타겟 마케팅 등의 전통적인 마케팅 기법의 디지털화뿐만 아니라 서비스와 브랜드, 제품에 대해 온라인과 SNS 등으로 고객들이 언급하는 모든 긍부정 평가에도 DX 도구들이 사용된다. 홍보 파트에서는 회사와 관련된 기사들을 자동으로 추출하고 주요 담당자들이 쉽게 활용할 수 있도록 메일이나 별도 사이트로 자동 큐레이션을 해준다. 그동안은 많은 홍보 담당자들이 수작업으로 검색하고 편집하던 일이었다. HR 파트에서는 취업 단계에서부터 퇴사까지의 절차에도 기술 도움을 받고 있다. 예를 들어, 서류 전형을 인공지능을 통해 사전 검토한다거나 연봉 협상 시에도 인공지능을 활용한다. 개인별 성과를 정량적으로 수치화하고 이를 기반으로 연봉을 책정하여 객관성을 담보하겠다는 취지인데, 이 또한 페이스북과 같은 빅테크 기업에서 최근 도입하고 있다고 한다. 향후 어떻게 발전이 될지는 계속 지켜볼 필요가 있다. 재무, 회계파트에서는 ERP로 대표되는 시스템을 통해 수많은 단순 업무들을 디지털 기술로 해결하는 일을 오래전부터 해왔다. 기업의 자산 평가를 위해 공시지가를 확인하는 일, 비용 처리를 위한 전표 입력 과정 등이 많은 기업들이 DX 영역으로 시도하고 있는 일이다.

사내 벤처를 활용한 사례

사내 벤처 제도가 최근 여러 기업들에서 시행되면서 흥미로운 DX 사례들이 늘어나고 있다. 자신들이 평소 가지고 있던 문제를 해결하는 용도로 일종의 플랫폼을 열고, 이를 다시 비즈니스로 진화시키는 모델들이다. 여기에서는 건설업종과 중공업의 사례를 소개하고자 한다.

건설에서 시공 기업들은 우리가 흔히 말하는 하청 또는 도급 업체들을 통해 현장 인력들을 소싱하고 공사를 진행한다. 그런데 DX를 하게 되면 이런 과정을 인력 중개 플랫폼 서비스가 대신해준다. 건설사 사내 벤처로 시작한 이 서비스는 건설 현장에서의 문제점을 누구보다 잘 이해하고 있고, 외부에서 보더라도 전문가 수준의 서비스를 제공하기 있기 때문에 꽤 성공적으로 평가받고 있다.

중공업 사례로는 중장비 공유 플랫폼이 있다. 이 또한 현장의 문제점을 잘 알고 있기 때문에 기획이 가능한 플랫폼이다. 지게차, 굴삭기, 작은 규모의 크레인 등 현장에서는 항상 중장비가 필요하지만 매일 사용하지는 않는다. 일부 대여 서비스가 있지만 이 또한 활용이 어렵다. 이 문제를 해결하기 위한 서비스로 건설 장비를 보유하고 있는 기업들은 쓰지 않는 시간동안 다른 사람들에게 장비를 제공함으로써 수익을 거둘 수 있고, 장비가 필요한 다른 기업들은 간단한 대여 과정을 통해 저렴하게 사용할 수 있다.

사내 벤처들은 자신들이 설계한 플랫폼에 모기업이 공급자 또는 수요자로 참여할 수 있는 서비스 설계가 가능하기 때문에 쉽고 안정적인 서비스 런칭이 가능하다. 이런 케이스는 건설/중공업 분야뿐만 아니라 다른 분야에도 적용된다. 그래서 사내 벤처처럼 별도의 독립 법인을 만들고 이들을 지원하는 것도 좋은 DX 전략의 하나라 할 수 있다. 기존 구성원들에게는 디지털 문화와 역량을 높이는 기회가 되고, 일정 규모로 성장하게 되면 그 자체가 새로운 비즈니스 모델이 될 수 있다.

디지털 트랜스포메이션 성공 전략

- 운영 효율화, 주력 사업 경쟁력, 신규 비즈니스 모델 등 혁신의 대상을 명확히 하기
- 운영 효율화는 단기간 성과를 창출할 수 있고, DX 추진의 동력이 됨
- 신규 비즈니스 모델의 완성은 상당한 시간과 비용 투자가 필요한 분야 임

- 경영진은 명확한 비전을 바탕으로 강력한 추진 의사를 보여야
- DX는 기나긴 여정임을 이해, 최소 3년의 실행 시간과 지원이 필요
- 우리 회사에 적합한 DX 실행 모델을 선정하고, 작은 성공 체험이 중요

- DX 실행을 위한 전문가 조직(CoE) 구성이 시작점
- 전문 역량을 보유한 인재들을 확보하는 것은 DX 성공의 중요한 열쇠
- DX 조직 리더 및 구성원들을 위한, 회사 기준이 아닌 시장 기준의 제도 고민

비전/전략

비즈니스 모델

인재/조직

디지털 트랜스포메이션

기술

프로세스

문화

- DX를 위한 기술 요소 도입하기 (AI, 빅데이터, 클라우드)
- 업무 효율화를 위한 다양한 기술 접목하기 (RPA, Low-Code)
- 최신 기술 도입을 위한 보안 규정 등 DX를 적용하기 위한 회사 내부 기준 변화 필요

- 소비자의 UX만큼 구성원들의 사용자 경험이 중요
- 보고 문화, 사무실 위치 등 DX를 체험할 수 있는 기업 외부 요소 바꾸기도 필요
- 내부적으로 변화 한계가 있을 때에는 외부 파트너를 통한 경험 확대 추진

- DX를 통한 업무 혁신은 프로세스 변화로부터 시작
- 첫 번째 DX 과제로 디지털 도구 도입을 추천하며, 구성원들의 변화 관리가 중요
- 프로세스 문제를 확인할 수 없다면 프로세스 가시화를 실행